Dieses Taschenbuch enthält in englisch-deutschem Paralleldruck sieben Geschichten voller Heldentaten, Zauberei, Edelmut, Abenteuer, Minnedienst, Kampfgetümmel, Großmauligkeit, Bauernschläue und Kaufmannsgeist – sieben Geschichten, die zugleich Stationen des Mittelalters bezeichnen:

– Merlin steht für die mythisch durchwobene Frühzeit
– König Artus für das klassische Rittertum
– Sir Gawain für die späte höfische Kultur mit ihrem etwas überdrehten Adels-Zeremoniell
– Richard Löwenherz für das abendländisch-morgenländische Kräftemessen in den Kreuzzügen
– Robin Hood für die sozusagen moderne Auflehnung gegen das Establishment
– Dick Whittington für tüchtiges und ungeheuer seriöses Bürgertum
– Chanticleer (nebenbei das ritterliche und das bürgerliche Gehabe veräppelnd) für den unverändert aktuell gebliebenen Kampf ums Dasein.

Durch diese bündig nacherzählten, sprachlich ganz einfachen Fassungen lernen in England viele Acht- bis Zehnjährige die großen Sagenstoffe ihres Landes kennen. Bei uns sollten sie jungen und erwachsenen Englisch-Lernenden das Einlesen ins Englische erleichtern und zugleich manche Namen, die bisher nur Schall und Rauch waren, mit Leben erfüllen.

dtv zweisprachig · Edition Langewiesche-Brandt

GREAT TALES FROM LONG AGO

# ENGLISCHE SAGEN

Erzählt von
Margaret Berrill, Ann Lawrence und Catherine Storr
übersetzt von Angela Uthe-Spencker
illustriert von Frieda Wiegand

dtv

Deutscher Taschenbuch Verlag

Deutsche Erstausgabe
Juni 1993

First published in Great Britain by Methuen Children's Books Ltd in association with Belitha Press Ltd, London

Umschlaggestaltung: Celestino Piatti
Satz: FoCoTex Klaus Nowak, Berg bei Starnberg
Gesamtherstellung: Kösel, Kempten
ISBN 3-7846-09306-4. Printed in Germany

# Merlin the Wizard

# Merlin der Zauberer

After the Romans left Britain, Vortigern made himself King by treachery. The rightful King was deposed, and his young brothers, Aurelius Ambrosius and Uther, were smuggled away to Brittany for safety.

Vortigern was not allowed to enjoy his stolen crown in peace. He was harassed by enemies, and lived in fear of the young princes. He tried to make an alliance with the Saxons. The Saxon leader, Hengist, proposed a conference. The Britons went to it unarmed, but all the Saxons carried hidden knives. At an agreed word, Hengist seized Vortigern, and his men attacked the rest of the Britons. Though a few escaped most were killed, and Vortigern made his whole kingdom over to the Saxons in exchange for his life.

Vortigern fled into Wales, where, on the advice of his magicians, he began to build a great fortress to shelter him should all else fail. But when his masons began to lay the foundations, the earth swallowed each day's work in the night.

Vortigern consulted his magicians again. They told him that the foundations would hold firm, if sprinkled with the blood of a fatherless boy. Messengers were sent out to search for such a child. They had almost given up, when they came to a town in Demetia, in south Wales. Some boys were

Nachdem die Römer Britannien verlassen hatten, machte sich Vortigern durch Verrat zum König. Der rechtmäßige König wurde entthront und seine jungen Brüder, Aurelius Ambrosius und Uther, wurden zu ihrer Sicherheit in die Bretagne geschmuggelt.

Vortigern war es nicht vergönnt, sich in Frieden seiner gestohlenen Krone zu freuen. Er wurde von Feinden bedrängt und lebte in Furcht vor den jungen Prinzen. Er versuchte, ein Bündnis mit den Sachsen zu schließen. Der Anführer der Sachsen, Hengist, schlug ein Treffen vor. Die Briten kamen unbewaffnet dorthin, doch alle Sachsen hatten versteckte Messer dabei. Auf ein verabredetes Wort packte Hengist Vortigern, und seine Männer fielen über die anderen Briten her. Einige wenige entkamen zwar, aber die meisten wurden getötet; Vortigern übereignete sein gesamtes Königreich den Sachsen, im Tausch für sein Leben.

Vortigern floh nach Wales, wo er auf Anraten seiner Magier eine große Festung zu bauen begann, die ihm Schutz bieten sollte, falls alles andere fehlschlüge. Doch als seine Baumeister begannen die Grundmauern zu setzen, verschluckte die Erde jedesmal in der Nacht die Arbeit des Tages.

Vortigern fragte seine Magier wieder um Rat. Sie sagten, die Grundmauern würden halten, wenn sie mit dem Blut eines vaterlosen Knaben benetzt würden. Boten wurden ausgesandt, um ein solches Kind zu suchen. Sie hatten es schon fast aufgegeben, als sie zu einer Stadt in Demetia

playing by the town gate. Suddenly a quarrel broke out between two of them, one taunting the other, because no one knew who his father was. The messengers began to take an interest. They learned that the boy was called Merlin, and that, though his father was unknown, his mother was the daughter of the King of Demetia and lived in a convent in that same town.

The messengers took Merlin and his mother to Vortigern without delay. Knowing that the boy's mother was nobly born, Vortigern received her courteously, and began to question her about her son's father. She told an astonishing tale.

"I do not know who or what he is," she said. "But I believe he is no living man. I only know that someone in the form of a handsome young man often came to me in the private rooms of the convent. He appeared and disappeared without warning. Sometimes he would talk to me without becoming visible at all. He made love with me like a man, and so I became pregnant."

Vortigern found this difficult to believe, and so he consulted the most learned scholar at his court, to find out if what the woman said could be possible. This wise man listened to the story carefully then said:

"I understand that this may have happened any number of times. There are certain spirits living between the earth and moon, which are partly like men and partly like angels in their nature. It seems they can take mortal shape, and it is quite possible that one such may have fathered this boy."

All this time Merlin had been listening intently to everything that was said. Now he went up to the King and asked why he and his mother had been brought there. The boy's manner was so compellingly direct, that Vortigern told the truth,

in Südwales kamen. Einige Jungen spielten am Stadttor. Plötzlich brach unter zweien von ihnen ein Streit aus, weil einer den anderen verspottete, daß niemand wisse, wer sein Vater sei. Die Boten wurden neugierig. Sie erfuhren, daß der Junge Merlin hieß und daß zwar sein Vater unbekannt, daß aber seine Mutter die Tochter des Königs von Demetia war und in einem Kloster in der gleichen Stadt lebte.

Die Boten brachten Merlin und seine Mutter unverzüglich zu Vortigern. Da Vortigern wußte, daß die Mutter des Jungen von edler Geburt war, empfing er sie höflich und begann sie über den Vater ihres Sohnes zu befragen. Sie erzählte eine wundersame Geschichte.

«Ich weiß nicht, wer oder was er ist», sagte sie, «doch glaube ich, daß er nicht zu den lebendigen Menschen zählt. Ich weiß nur, daß mich jemand in Gestalt eines schönen jungen Mannes oft in meinen Gemächern im Kloster aufsuchte. Er erschien und verschwand ohne Ankündigung. Manchmal sprach er mit mir, ohne überhaupt sichtbar zu werden. Er liebte mich wie ein Mann, und so wurde ich schwanger.»

Vortigern fand das nicht recht glaubhaft; deshalb zog er den kenntnisreichsten Gelehrten seines Hofes zu Rate, um zu erfahren, ob es das geben könne, was die Frau da sagte. Dieser weise Mann hörte sich die Geschichte aufmerksam an, und dann sprach er:

«Ich bin der Meinung, daß dies sich viele Male ereignet haben kann. Es leben zwischen Erde und Mond gewisse Geister, die ihrer Natur nach halb Menschen und halb Engel sind. Es scheint, daß sie eine irdische Gestalt annehmen können, und es ist durchaus möglich, daß ein solches Wesen diesen Knaben gezeugt haben kann.»

Die ganze Zeit hatte Merlin allem, was da gesprochen wurde, aufmerksam zugehört. Jetzt trat er auf den König zu und fragte, warum er und seine Mutter hierher gebracht worden seien. Das Auftreten des Jungen war so bezwingend geradeheraus, daß Vortigern die Wahrheit

before he had time to think of saying anything else.

Merlin reacted with scorn. "Fetch your magicians, and I'll prove them liars!" he said. "This isn't a matter of magic, but engineering!"

The startled King did as Merlin said.

"You have recommended sacrifice out of ignorance, because you don't really know what is undermining the foundations of this tower," Merlin said to the assembled sages. "Well, do you know what's hidden down there? There must be something preventing it from holding firm."

The magicians could make no reply, so the boy continued: "Lord King, order your men to dig where you are trying to build your tower. You will find a pool, which is making the ground unstable."

It was done and the pool was found.

"Drain the pool," said Merlin. "At the bottom you'll find two hollow stones, in which two dragons are sleeping."

Now there was something strange about his voice. The words seemed to come against his will.

As Vortigern and Merlin stood above the drained pool, two dragons, one red, one white, emerged from the stones and began to fight. The struggle went first one way then the other, but the white gained steadily all the time.

"What does it mean?" the King whispered.

Merlin wept. "The red dragon is the people of Britain," he said. "The white is the Saxons, who will overrun them." Then he fell into a trance and prophesied many things in strange images, which no one understood.

When at last he sat silent, everyone present was filled with astonishment and fear. Vortigern, however, was impressed by the boy's intelligence and

sagte, bevor er Zeit fand, nachzudenken, was er anderes sagen könnte.

Merlin zeigte darauf nur Verachtung. «Holt Eure Magier, und ich werde sie als Lügner entlarven!» sprach er. «Dies ist keine Sache der Magie sondern der Technik.»

Der verdutzte König tat, was Merlin verlangte.

«Ihr habt aus Unkenntnis ein Opfer empfohlen, weil ihr gar nicht richtig wißt, was die Grundmauern dieses Turmes untergräbt», sagte Merlin zu den versammelten Weisen. «Wißt ihr denn, was dort unten verborgen ist? Es muß dort etwas sein, das sie daran hindert, haltbar zu bleiben.».

Die Magier hatten darauf nichts zu entgegnen; darum fuhr der Junge fort: «Königlicher Herr, befehlt Euren Leuten, dort zu graben, wo Ihr versucht, Euren Turm zu bauen. Ihr werdet einen Teich finden, der den Boden nachgiebig macht.»

Dies geschah, und der Teich wurde gefunden.

«Legt den Teich trocken», sagte Merlin. «Auf dem Grund werdet ihr zwei ausgehöhlte Steine finden, in denen zwei Drachen schlafen.»

Es war aber etwas Seltsames mit Merlins Stimme. Die Worte schienen gegen seinen Willen zu kommen.

Als Vortigern und Merlin am Rand des trockengelegten Teiches standen, kamen zwei Drachen, einer rot, einer weiß, aus den Steinen heraus und begannen miteinander zu kämpfen. Der Kampf verlief zu Beginn unentschieden, doch auf die Dauer gewann der weiße die Oberhand.

«Was hat das zu bedeuten?» flüsterte der König.

Merlin weinte. «Der rote Drache ist das Volk Britanniens», sagte er. «Der weiße ist das Volk der Sachsen, das die Briten überwältigen wird.» Dann fiel er in einen Dämmerzustand und weissagte viele Dinge in seltsamen Bildern, die niemand verstand.

Als er schließlich verstummte, war jeder Anwesende von Staunen und Furcht ergriffen. Vortigern jedoch war beeindruckt von der Klugheit des Jungen und von seiner

his readiness to speak frankly before the King. "Tell me my own fate now," he said.

"You need no oracle for that," said Merlin wearily. "Two dangers threaten you, and it is not easy to see which you will avoid. The Saxons pursue you, and Aurelius and Uther are landing even now."

News of Aurelius Ambrosius' return came the next day, but by then Merlin had slipped away under the cover of the confusion created by his own dramatic pronouncements.

The Britons made Aurelius King. He and his brother first hunted down Vortigern and burned him in his own citadel, then after a long, bitter campaign in which Hengist was slain, they drove the Saxons into the far north.

Aurelius then set himself to restore the realm. He travelled through the country re-establishing the law and rebuilding the towns.

When he came to the city now called Salisbury, he was shown the burial place of the British knights killed at Hengist's treacherous conference. He was deeply moved, and wished to erect some fitting memorial. However, no one could think of anything noble enough.

Eventually the archbishop of Caerleon remembered Merlin. "There is one who might have the ingenuity to devise your monument," he told the King. "Send for Merlin, who prophesied before Vortigern."

Merlin proved elusive. He had taken to a wandering life, but he was found at last in a place to which he often returned, beside a forest spring.

Yet when the King's messengers brought him to
12 court, Aurelius seemed hardly to take him serious-
13 ly, and he asked the young man to prophesy, as

Unbefangenheit, freimütig vor dem König zu sprechen. «Tu mir jetzt mein eigenes Schicksal kund!» sagte er.

«Dazu braucht Ihr kein Orakel», sagte Merlin traurig. «Zwei Gefahren bedrohen Euch, und es ist nicht leicht zu erkennen, welcher Ihr entkommen werdet. Die Sachsen verfolgen Euch, und gerade in diesem Augenblick landen Aurelius und Uther.»

Die Nachricht von der Rückkehr des Aurelius Ambrosius traf am nächsten Tag ein, doch inzwischen war Merlin unter dem Schutz der Verwirrung, die er durch seine eigenen aufregenden Vorhersagen gestiftet hatte, entwischt.

Die Briten machten Aurelius zum König. Er und sein Bruder trieben sogleich Vortigern in die Enge und verbrannten ihn in seiner eigenen Burg, dann verjagten sie nach einer langen, erbitterten Schlacht, in der Hengist getötet wurde, die Sachsen weit nach Norden.

Danach machte Aurelius es sich zur Aufgabe, das Königreich wiederherzustellen. Er reiste durchs Land, festigte wieder Recht und Gesetz und baute die Städte wieder auf.

Als er die Stadt erreichte, die jetzt Salisbury heißt, zeigte man ihm die Begräbnisstätte der britischen Krieger, die bei Hengists verräterischer Zusammenkunft getötet worden waren. Er war tief bewegt und wollte ein gebührendes Denkmal errichten. Aber keinem fiel etwas ein, das hinreichend erhaben gewesen wäre.

Schließlich erinnerte sich der Erzbischof von Caerleon an Merlin. «Es gibt einen, der den Schöpfergeist haben dürfte, so ein Denkmal zu ersinnen», sagte er zum König. «Schickt nach Merlin, der dem Vortigern geweissagt hat.»

Es zeigte sich, daß Merlin schwer zu finden war. Er hatte ein Wanderleben begonnen. Doch schließlich fand man ihn neben einer Quelle im Wald an einem Platz, zu dem er oftmals ging.

Als ihn aber dann die Sendboten des Königs an den Königshof brachten, schien Aurelius ihn kaum ernst zu nehmen. Er bat den jungen Mann zu weissagen, wie zur

if for mere entertainment. His reaction to Merlin's suggestion for the monument was open mockery.

"Fetch the Giants' Dance from Ireland?" he cried laughing. "Even if it could be done, why should we want to? Aren't there big enough stones in Britain?"

Merlin sharply rebuked the King's laughter, and explained that these huge stones had deep religious significance and unique medicinal properties. So convincing was his seriousness, that the Britons decided to send an armed expedition to Ireland, under the King's brother Uther, to bring back the Giants' Dance.

On learning the reason for Uther's invasion, the Irish were as incredulous as Aurelius had been, for they knew as little of the stones' virtues as he had. Nevertheless, they resolved that not a chip of the Dance should be taken from Ireland, and met the British in force.

Uther was victorious in the battle, putting the Irish to flight, after which the Britons went on to Mount Killaraus, where the great stone circle stood. The Britons were overawed by the stupendous structure. The task of removing it seemed impossible, but Merlin devised means to dismantle it and ship the stones back to Britain, where he directed their re-erection at the site of the heroes' grave.

This feat established Merlin firmly in the King's respect. After that Aurelius kept him at court, so as to have his grand skills always at his disposal.

One of Vortigern's sons, Paschent, still held out against Aurelius, and he now turned for help to the Irish, who were angry over the taking of the Giant's Dance. Paschent landed in Wales with the Irish, at a time when Aurelius was ill, so Uther and Merlin went to meet them.

bloßen Unterhaltung. Seine Antwort auf Merlins Vorschlag für das Denkmal war offener Hohn.

«Den Reigen der Riesen aus Irland holen?» rief er lachend. «Selbst wenn es zu machen wäre, warum sollten wir es wollen? Gibt es nicht auch in Britannien Steine, die groß genug sind?»

Merlin verwahrte sich entschieden gegen das Gelächter des Königs und erklärte, daß diese gewaltigen Steine tiefe religiöse Bedeutung und einzigartige heilkräftige Eigenschaften hätten. Sein Ernst war so bezwingend, daß die Briten beschlossen, unter Uther, dem Bruder des Königs, einen Kriegszug nach Irland zu unternehmen, um den Reigen der Riesen herbeizuschaffen.

Als die Iren den Grund für Uthers kriegerische Unternehmung erfuhren, waren sie genauso ungläubig, wie Aurelius gewesen war, denn sie wußten so wenig wie er um die Kräfte der Steine. Doch sie waren sich einig, daß kein Splitterchen vom Reigen der Riesen aus Irland weggeholt werden sollte, und traten den Briten gewappnet entgegen.

In der Schlacht wurde Uther Sieger – er schlug die Iren in die Flucht. Danach begaben sich die Briten zum Mount Killaraus, auf dem der große Steinkreis stand. Die Briten waren von dem gewaltigen Bauwerk überwältigt. Die Aufgabe, es wegzubringen, schien unausführbar, doch Merlin ersann Mittel, es abzubauen und die Steine nach Britannien zu verschiffen, wo er ihre Wiederaufrichtung auf der Grabstätte der Helden leitete.

Dieses Meisterstück begründete die stete Wertschätzung des Königs für Merlin. Er behielt ihn fortan am Hofe, um seine großen Fähigkeiten immer zur Verfügung zu haben.

Einer von Vortigerns Söhnen, Paschent, behauptete sich noch gegen Aurelius. Jetzt wandte er sich um Hilfe an die Iren, die über den Raub des Reigens der Riesen erbost waren. Paschent landete mit den Iren in Wales zu einem Zeitpunkt, da Aurelius krank war, und deshalb zogen Uther und Merlin ihnen entgegen.

They were still seeking the enemy, when a great star appeared in the sky three nights in succession. A single beam shone from it, ending in a fireball shaped like a dragon, from which another ray stretched out over the whole land.

Uther called for Merlin and asked him the significance of the star.

"Aurelius Ambrosius is dead," said Merlin, weeping. "The dragon signifies yourself – you will be victorious and rule all Britain. The other beam is your son, who will be the greatest warrior ever known. Go forward now, or we are lost."

Although he doubted Merlin's prophecies, Uther advanced on the enemy. The barbarians were defeated, and Paschent was killed.

As Uther returned to Winchester, he was met by messengers with the news that Aurelius had been treacherously poisoned. Aurelius was buried in the Giant's Dance. Uther became King, taking a dragon for his standard. From then on he was known as Uther Pendragon, which means "dragonhead".

The wars against the saxons continued. One of Uther's finest leaders was Gorlois, Duke of Cornwall, whose wife Ygraine was the most beautiful woman in Britain.

At Eastertide Uther held court in London, to celebrate a great victory, and there he saw Ygraine for the first time. He was filled with love for her, so that he could think of nothing else, and paid attention to no other person. Gorlois saw this. Angry and fearful, he fled the court, together with Ygraine, without taking leave. Uther was furious over this insult. He ordered the Duke to return, and when Gorlois refused, he swore revenge. Uther led his
16 army into Cornwall.
17 Gorlois was not strong enough to meet him, so

Die beiden waren immer noch auf der Suche nach dem Feind, als in drei Nächten hintereinander ein großer Stern am Himmel auftauchte. Ein einziger Lichtstrahl ging von ihm aus; der endete in einem Feuerball, der wie ein Drache geformt war; von dort aus breitete sich ein neuer Lichtstrahl über das ganze Land aus. Uther rief Merlin zu sich und fragte ihn nach der Bedeutung des Sterns.

«Aurelius Ambrosius ist tot», sagte Merlin weinend. «Der Drache steht für dich – du wirst siegreich sein und ganz Britannien beherrschen. Der andere Lichtstrahl ist dein Sohn: er wird der größte Krieger sein, von dem man je gehört hat. Voran jetzt, sonst sind wir verloren.»

Obwohl Uther die Prophezeiungen Merlins bezweifelte, zog er dem Feind entgegen. Die Barbaren wurden geschlagen und Paschent getötet.

Als Uther nach Winchester zurückkehrte, traten Boten auf ihn zu, die meldeten, daß Aurelius heimtückisch vergiftet worden sei. Aurelius wurde im Reigen der Riesen beigesetzt. Uther wurde zum König ernannt. Als Wappentier wählte er einen Drachen. Von da an nannte man ihn Uther Pendragon, das bedeutet «Drachenkopf».

Die Kriege gegen die Sachsen dauerten an. Einer von Uthers glänzendsten Heerführern war Gorlois, der Herzog von Cornwall, dessen Ehefrau Igerne die schönste Frau von ganz Britannien war.

Zur Osterzeit hielt Uther Hof in London, um einen großen Sieg zu feiern. Dort sah er Igerne zum ersten Mal. Er wurde von Liebe zu ihr ergriffen, so daß er an nichts anderes denken konnte und keinem anderen Menschen Aufmerksamkeit schenkte. Gorlois bemerkte das. Zornig und angsterfüllt eilte er, zusammen mit Igerne, ohne Erlaubnis vom Hofe fort. Uther war über diese schwere Beleidigung erbost. Er befahl dem Herzog zurückzukehren, und als Golois sich weigerte, schwor er Rache. Er zog mit seinem Heer nach Cornwall.

Gorlois war nicht stark genug, ihm entgegenzutreten,

he left his wife in his strongest castle, Tintagel, and retreated hinself to a fortified camp nearby. There the King besieged him.

But Uther's love for Ygraine grew beyond measure and tormented him day and night. He went to Merlin for advice.

"There is a way you might gain access to this woman, if you are prepared to risk it," he said. "I can change your appearance, so that you will look like Gorlois. You would then be admitted to Tintagel without questions. But if you are to have your desire, you must give me mine. You and Ygraine will have a son. When he is born, give him to me to rear."

Uther agreed to everything, and he spent that night with Ygraine.

However, during the night Gorlois tried to break through the besieging army. In the fighting he was killed. When she heard of the time and manner of her husband's death, Ygraine was troubled, and wondered who had come to her in his likeness, but she kept everything to herself. Uther then made peace with the Duchess, and soon they were married.

When her child was born, Merlin reminded Uther of his bargain. Uther was willing now to accept Merlin's word without question. The boy was handed over to Merlin, who took him secretly to an honourable knight, called Sir Ector, to be fostered. This he did because he knew that Uther would die while his son was still a child, and so the boy must be hidden to keep him safe until he was old enough to claim the kingdom.

Within two years Uther fell sick. All his enemies
18 united to attack the country, while he was too weak
19 to lead his army. At first they were successful.

darum ließ er seine Frau in Tintagel, seiner trutzigsten Burg, und zog sich selbst in ein nahegelegenes befestigtes Lager zurück. Dort umzingelte ihn der König.

Uthers Liebe zu Igerne wuchs über alle Maßen und quälte ihn Tag und Nacht. Er wandte sich um Rat an Merlin.

«Es gibt eine Möglichkeit, wie du zu dieser Frau Zugang finden kannst – wenn du gewillt bist, es zu wagen», sagte er. «Ich kann deine Erscheinung verwandeln, so daß du wie Gorlois aussehen wirst. Dann würde man dir in Tintagel Einlaß gewähren, ohne Fragen zu stellen. Doch wenn dein Begehren erfüllt werden soll, mußt du mir meines auch erfüllen. Du und Igerne, ihr werdet einen Sohn haben. Wenn er geboren ist, gib ihn mir, daß ich ihn aufziehe.»

Uther war mit allem einverstanden, und er verbrachte die Nacht mit Igerne.

Gerade in dieser Nacht versuchte Gorlois, den Ring der Belagerer zu durchbrechen. Er wurde im Kampf getötet. Als Igerne den Zeitpunkt und die Todesart ihres Ehemannes erfuhr, war sie verstört und fragte sich, wer denn in seiner Gestalt zu ihr gekommen war, doch sie behielt alles für sich. Uther schloß dann mit der Herzogin Frieden, und bald danach wurden sie getraut.

Als ihr Kind zur Welt kam, erinnerte Merlin Uther an ihre Abmachung. Uther war gleich bereit, Merlins Wort ohne Einwand Folge zu leisten. Der Junge wurde Merlin übergeben, der ihn heimlich zu einem ehrenhaften Ritter brachte, Sir Ector, der ihn großziehen sollte. Merlin tat das, weil er wußte, daß Uther sterben würde, während sein Sohn noch ein Kind war. Der Junge mußte also verborgen werden, um in Sicherheit zu sein, bis er alt genug wäre, Anspruch auf das Königreich zu erheben.

Bevor zwei Jahre vergangen waren, wurde Uther krank. Weil er zu schwach war, sein Heer zu führen, vereinigten sich alle seine Feinde, um das Land anzugreifen. Anfangs

Then Merlin said: "You shall have one more victory, but only if you are present in person. Go with your army, even if you have to be carried in a litter."

So King Uther was carried to his last battle in a litter, and returned to London victorious. Three days later he died. At the last he spoke of his son, Arthur, but since no one had ever heard of this son, it seemed there was no one to inherit the kingdom.

There followed years of unrest and confusion. Merlin disappeared and was rarely seen, until late one autumn he appeared before the Archbishop of Canterbury, and advised him to summon all the lords to London by Christmas. The Archbishop knew that Merlin said nothing without a purpose, and so he did as he suggested.

The tale of the marvellous sword in the stone, and how the young Arthur proved himself King by drawing it out, is told separately next time.

All through the early years of Arthur's reign, when he was constantly at war with rebels or invaders, Merlin stayed at the young King's side, guiding him. However, once Arthur's enemies were defeated and his rule established, Merlin went to Northumberland, to his own master, Blaise, who had first schooled him in the arts for which he had become famous.

Merlin told him about all Arthur's battles, and Blaise began a chronicle of Arthur's reign. From then on Merlin was seldom at court, yet always turned up at times and in places where he was least expected.

In those days of his young manhood, Arthur
20 often rode out alone, much to the alarm of his
21 lords. On one such expedition he fought with King

waren sie erfolgreich. Da sagte Merlin: «Dir ist noch ein Sieg beschieden, doch nur, wenn du selber zugegen bist. Zieh mit deinem Heer, selbst wenn du auf einer Bahre getragen werden mußt.»

So wurde König Uther auf einer Bahre in seine letzte Schlacht getragen, und er kehrte als Sieger nach London zurück. Drei Tage später starb er. Als letztes sprach er von seinem Sohn Artus, doch da keiner je von diesem Sohn gehört hatte, schien es, daß es niemanden gab, der das Königreich erben konnte.

Es folgten Jahre der Unruhe und Verwirrung. Merlin verschwand und wurde selten gesehen, bis er eines Spätherbstes vor dem Erzbischof von Canterbury erschien und ihm den Rat gab, alle adeligen Herren zu Weihnachten in London zu versammeln. Der Erzbischof wußte, daß Merlin nichts ohne guten Grund sagte, und tat also, wie dieser empfahl.

Die Geschichte von dem sagenhaften Schwert im Stein und wie der junge Artus sich als König erwies, weil er es herausziehen konnte, wird ein andermal erzählt.

Während der ersten Jahre von Artus' Herrschaft, als er beständig gegen Aufständische oder Eindringlinge Krieg führte, blieb Merlin an der Seite des jungen Königs und leitete ihn. Als jedoch Artus' Feinde schließlich besiegt waren und seine Herrschaft gefestigt war, ging Merlin nach Northumberland zu Blaise, seinem eigenen Lehrmeister, der ihn einstmals in den Künsten unterwiesen hatte, deretwegen er berühmt geworden war. Merlin erzählte Blaise von allen Schlachten des Königs Artus, und Blaise begann einen Bericht über Artus' Herrschaft zu schreiben. Von da an war Merlin nur noch selten bei Hofe, tauchte jedoch immer wieder einmal zu Zeiten und an Plätzen auf, wo er am wenigsten erwartet wurde.

In den Tagen seines jungen Mannesalters ritt Artus oft allein aus, sehr zur Beunruhigung seiner Lords. Bei einer solchen Unternehmung kam es zu einem Zweikampf mit

Pellinore, who beat Arthur badly, and might have killed him, had not Merlin been at hand to rescue the King. He took Arthur to a hermitage, where he had his wounds tended, and rested for several days.

When they came to leave, Arthur realized that he had lost his sword.

"No matter," said Merlin. "There is one near here, which you shall have."

They rode until they came to a lake. To his astonishment, Arthur saw a white-clad arm holding a handsome sword above the water.

"There it is," said Merlin.

At that moment they saw a young woman walking across the surface of the lake.

"Who is that?" said Arthur.

"That is Niniane, the Lady of the Lake," said Merlin. "She lives in a palace as fine as any, out there on a great rock in the lake. Speak to her courteously, and she may give you the sword."

When the lady drew near, Arthur greeted her, and said he wished the sword might be his, for he had none. She told him the sword was hers, but bade him go into the boat moored at the lake's edge and take it. Merlin and Arthur rowed out in the boat, Arthur took hold of the sword, and at once the arm disappeared under the water.

When they turned again to the shore, there was no sign of Niniane. So it was that Arthur received his sword Excalibur.

"Good as the sword is, the scabbard is worth ten of it," said Merlin. "For as long as you wear it, you will lose no blood, however badly you are wounded. So keep it with you always."

22 Not long after this Arthur married Gwynevere.
23 Merlin knew of the grief that would come of this

dem König Pellinore, der Artus gefährlich traf und ihn vielleicht getötet hätte, wäre Merlin nicht zur Stelle gewesen, um den König zu retten. Er brachte Artus in eine Einsiedelei, wo seine Wunden versorgt wurden, und blieb mehrere Tage dort bei ihm.

Als sie schließlich aufbrachen, bemerkte Artus, daß er sein Schwert verloren hatte.

«Keine Sorge», sagte Merlin. «Hier in der Nähe gibt es eins, das sollst du bekommen.»

Sie ritten, bis sie an einen See gelangten. Erstaunt sah Artus einen weißgekleideten Arm, der ein prächtiges Schwert aus dem Wasser emporhielt.

«Dort ist es», sagte Merlin.

Im gleichen Augenblick sahen sie eine junge Frau über die Oberfläche des Sees wandeln.

«Wer ist das?» sagte Artus.

«Das ist Viviane, die Herrin vom See», sagte Merlin. «Sie lebt dort draußen auf einem großen Felsen im See in einem Schloß, das schöner ist als jedes andere. Sprich sie höflich an, dann gibt sie dir vielleicht das Schwert.»

Als die Herrin sich näherte, grüßte Artus sie und sagte, er wünschte sich, daß das Schwert ihm gehörte, denn er habe keines. Sie antwortete, das Schwert gehöre ihr, aber sie lud ihn ein, in das Boot zu steigen, das vertäut am Seeufer lag, und es sich zu holen. Merlin und Artus ruderten mit dem Boot hinaus, Artus ergriff das Schwert, und augenblicklich verschwand der Arm unter dem Wasser.

Als sie wieder auf das Ufer zuhielten, war von Viviane nichts mehr zu sehen. Auf diese Weise bekam Artus sein Schwert Excalibur.

«So gut das Schwert auch ist, die Scheide hat den zehnfachen Wert», sagte Merlin. «Denn so lange du sie trägst, wirst du kein Blut verlieren, wie schwer du auch verwundet bist. Behalte sie also immer bei dir.»

Nicht lange danach heiratete Artus Ginevra. Merlin wußte, welches Leid am Ende daraus entstehen würde, doch er

in the end, but he saw that Arthur loved Gwynevere too much to give her up for any reason, and so he had to content himself with warning the King.

Gwynevere's father gave Arthur the Round Table as a wedding gift, and Merlin helped the King to choose his best knights to sit at it. Among these was Pellinore, who came to court escorting Niniane, having rescued her from a lawless knight, who was carrying her off against her will.

Niniane was already wise and skilled in many arts, but she wished to learn more from Merlin. At first he diverted her with pretty illusions, conjuring music from the air and creating garden bowers in the forest. When he saw that she had a real desire for knowledge, however, he loved her. He began to teach her all he knew, and she loved him in return. They wandered the world together, spending ever less time at court.

Merlin warned Arthur that a time was coming when he would not be able to return, but the King could not believe that he could foretell this yet be unable to prevent it.

Then Niniane, in her possessive love, asked Merlin to teach her how to bind a man so that only she could free him. Although he knew how she meant to use it, Merlin taught her the spell.

They strayed far into the Forest of Broceliande, and when they were tired, they sat down under a hawthorn tree. Niniane took Merlin's head in her lap and stroked his hair until he slept. Then she wound her veil round the tree, and stepped round it nine times, whispering nine times the words Merlin had taught her. After this she sat down and took his head on her lap again.

When Merlin woke, he seemed to be lying on a bed in a high tower. "If you do not stay with me

sah, daß Artus Ginevra zu sehr liebte, um aus irgendwelchen Vernunftgründen von ihr zu lassen. Er mußte sich damit begnügen, den König zu warnen.

Ginevras Vater schenkte Artus zur Hochzeit den Runden Tisch, und Merlin half dem König, die besten Ritter auszuwählen, die mit ihm daran sitzen sollten. Unter ihnen befand sich Pellinore, der Viviane zum Hof begleitete, nachdem er sie vor einem gesetzlosen Ritter errettet hatte, der sie gegen ihren Willen entführen wollte.

Viviane war schon weise und in vielen Künsten bewandert, doch sie wollte von Merlin noch mehr lernen. Anfänglich zerstreute er sie mit hübschen Blendwerken; er beschwor Musik aus der Luft und schuf Gartenlauben im Wald. Als er jedoch erkannte, daß sie ein ehrliches Verlangen nach Wissen hatte, gewann er sie lieb. Er begann sie alles zu lehren, was er selber wußte, und dafür liebte sie wiederum ihn. Sie durchwanderten gemeinsam die Welt, verbrachten immer weniger Zeit am Hofe. Merlin warnte Artus, es werde eine Zeit kommen, in der er nicht mehr in der Lage sei zurückzukehren. Aber der König konnte nicht glauben, daß Merlin dies vorhersagen könne und außerstande sei, es zu verhindern.

Dann bat Viviane in ihrer unersättlichen Liebe Merlin, sie zu lehren, einen Mann so zu binden, daß nur sie selber ihn wieder freilassen könne. Obwohl Merlin wußte, wie sie dies zu nutzen vorhatte, lehrte er sie den Zauber.

Sie wanderten tief in den Wald von Broceliande hinein. Als sie müde waren, setzten sie sich unter einen Weißdornbaum. Viviane nahm Merlins Kopf auf den Schoß und streichelte sein Haar, bis er schlief. Dann wand sie ihren Schleier um den Baum und schritt neunmal um ihn herum, flüsterte neunmal die Worte, die Merlin sie gelehrt hatte. Danach setzte sie sich nieder und nahm wieder Merlins Kopf auf den Schoß.

Als Merlin erwachte, schien er auf einem Bett in einem hohen Turm zu liegen. «Wenn du jetzt nicht bei mir

now, you have betrayed me," he said. "For only you can release me."

"I will not betray you," she said.

Nor did she, but after a time she regretted what she had done, and would have released him, only the spell was too strong, and it was beyond her power to undo it.

For a long time Arthur's court heard nothing of Merlin. Then one day when Gawain, one of Arthur's knights, was riding through the forest, he heard a voice, like wind rustling the leaves, calling his name. He was afraid, but then he recognized Merlin's voice and begged him to show himself.

"You will never see me again," said Merlin. "And you are the last to hear me. No one will ever again come to this place, and I can never leave it."

"How can this imprisonment have come upon you, the wisest of men?" cried Gawain.

"I am also the greatest fool," Merlin replied. "For I love another more than myself. I taught my beloved how to bind me to her, and now I can never be free."

Gawain returned to court heavy-hearted, and there was great sadness when the King and his companions heard that they would never see Merlin again.

It is said that he still sleeps, watched by Niniane, in his invisible tower, but that when Arthur wakes, he too will return to help his country in its greatest need.

bleibst, hast du mich hintergangen», sagte er. «Denn nur du kannst mich wieder freilassen.»

«Ich will dich nicht hintergehen», sagte sie.

Sie tat es auch nicht, doch nach einiger Zeit bereute sie, was sie bewirkt hatte, und hätte ihn gern wieder freigelassen, aber der Zauber war zu stark, und es stand nicht in ihrer Macht, ihn zu lösen.

Lange Zeit hörte man am Hofe des Königs Artus nichts über Merlin. Eines Tages, als der Ritter Gawain durch den Wald ritt, vernahm er eine Stimme – wie Wind, der in den Blättern raschelt – seinen Namen rufen. Er fürchtete sich, doch dann erkannte er Merlins Stimme und bat ihn, sich zu zeigen.

«Du wirst mich nie mehr sehen», sagte Merlin. «Und du bist der letzte, der mich hört. Keiner wird je wieder an diesen Ort kommen, und ich werde ihn nie verlassen können.»

«Wie hat diese Gefangenschaft dich treffen können, den allerweisesten Menschen?» rief Gawain.

«Ich bin auch der allergrößte Narr», erwiderte Merlin. «Denn ich liebe jemand anderen mehr als mich selber. Ich lehrte meine Geliebte, wie sie mich an sich binden kann, und jetzt kann ich nie mehr frei sein.»

Gawain kehrte niedergeschlagen zum Hof zurück, und als der König und seine Gefährten erfuhren, daß sie Merlin nie wieder sehen würden, herrschte tiefe Trauer.

Es heißt, daß Merlin immer noch, bewacht von Viviane, in seinem unsichtbaren Turm schläft, doch daß, wenn Artus erwacht, auch er zurückkehren wird, um seinem Land in der größten Not zu helfen.

# King Arthur's Sword

# König Artus' Schwert

Many hundreds of years ago, there lived a King, called Uther Pendragon. He was King of all England, but he had many enemies who wanted to conquer his kingdom and take it from him. Often he and his knights had to go into battle.

Uther Pendragon and his wife, Queen Ygraine, were to have their first child. But Merlin, a magician, said to the King:

"You must not keep this child with you in the court. He shall be looked after by your knight, Sir Ector, and his wife. When the baby is born, you must wrap him in cloth of gold and give him to a poor man who will be waiting by your castle gate."

The poor man was really Merlin in disguise. He took the baby far away to Sir Ector. Sir Ector named the baby Arthur, and he and his wife looked after Arthur with their own son, Kay.

Some years after this, King Uther Pendragon fell very ill. For three days and nights he could not speak. The barons and knights of his court asked Merlin what they should do.

"I shall make him speak," Merlin said. He came to the King's bedside. "Sir, shall your son, Arthur, be King of all England after you?" he asked.

The King turned to Merlin and said: "Yes. With my blessing, he should claim the crown when I am dead."

Then he lay back and died.

Vor vielen hundert Jahren lebte ein König mit Namen Uther Pendragon. Er war König von ganz England, doch hatte er viele Feinde, die sein Königreich erobern und ihm wegnehmen wollten. Oft mußten er und seine Ritter in die Schlacht ziehen.

Uther Pendragon und seine Frau, Königin Igerne, sollten ihr erstes Kind bekommen. Doch Merlin, ein Zauberer, sagte zu dem König:

«Du darfst dieses Kind nicht bei dir am Hofe behalten. Euer Ritter Sir Ector und seine Frau sollen sich seiner annehmen. Wenn der Säugling geboren ist, mußt du ihn in eine Decke aus Goldgarn wickeln und einem armen Mann übergeben, der an deinem Schloßtor warten wird.»

Der arme Mann war in Wirklichkeit der verkleidete Merlin. Er brachte den Säugling weit weg zu Sir Ector. Der nannte den Säugling Artus, und er und seine Frau zogen Artus gemeinsam mit ihrem eigenen Sohn Kay auf.

Einige Jahre danach wurde König Uther Pendragon sehr krank. Drei Tage und drei Nächte lang konnte er nicht sprechen. Die Barone und Ritter seines Hofes fragten Merlin, was sie tun sollten.

«Ich bringe ihn zum Sprechen», sagte Merlin. Er trat ans Bett des Königs. «Mein Gebieter, soll dein Sohn Artus nach dir König von ganz England werden?» fragte er.

Der König wandte sich Merlin zu und sagte: «Ja. Mit meinem Segen soll er Anspruch auf die Krone erheben, wenn ich tot bin.»

Dann legte er sich zurück und starb.

Far away in the country Arthur was growing up. He thought that Sir Ector was his own father and that Kay was his real brother.

As the boys became older they learned all the knightly arts. They were taught to swim and to ride, to fish and to shoot with the bow and arrow. They learned to wrestle and to fight with staves. They learned to fence and to fight with swords. They learned to joust in tournaments. They learned hunting and falconry. They learned how to dance and how to speak in knightly fashion to nobles and ladies.

They grew stronger and cleverer. Kay was the strongest, but Arthur was the wiser brother.

At last, one autumn (All-Hallows Day) Kay was knighted as Sir Kay.

That winter, Merlin asked the Archbishop of Canterbury to summon all the nobles and barons and gentlemen of the country to come to London for Christmas. They were to meet in the biggest church in London to pray for a miracle to show them who should be the next King of all England. So from every part of the country the lords came to London for Christmas Day.

On Christmas morning all the people gathered in the great church to ask God for a sign. When they came out into the churchyard, they saw something that had not been there when they had gone into the church. It was a great square stone, and in the middle of the stone was stuck a beautiful sword. Written in letters of gold around the stone were these words:

"Whoever pulls this sword out of this stone is the rightful King of all England."

30 When all the Christmas prayers had been said,
31 many nobles and lords tried to pull the sword out

Weit entfernt auf dem Lande wuchs Artus auf. Er glaubte, daß Sir Ector sein leiblicher Vater sei und Kay sein richtiger Bruder.

Als die Jungen älter wurden, lernten sie alle ritterlichen Künste. Man lehrte sie schwimmen und reiten, fischen und mit Pfeil und Bogen schießen. Sie lernten ringen und mit Lanzen kämpfen.

Sie lernten fechten und mit Schwertern kämpfen. Sie lernten turnieren auf Ritterkampfspielen. Sie erlernten die Jagd und die Falkenbeize. Sie lernten tanzen und wie man auf ritterliche Weise mit edlen Herren und Damen spricht.

Sie wurden kräftiger und klüger. Kay war der kräftigste, doch Artus war der gescheitere Bruder.

Eines Herbstes, es war Allerheiligen, wurde Kay als Sir Kay zum Ritter geschlagen.

Im folgenden Winter forderte Merlin den Erzbischof von Canterbury auf, alle Edlen, Barone und Standesherren des Landes für Weihnachten nach London einzuberufen. Sie sollten sich in der größten Kirche von London versammeln und um ein Wunder beten, das ihnen zeigen möge, wer der nächste König von ganz England sein sollte. So kamen zu Weihnachten aus jedem Teil des Landes die Lords nach London.

Am Weihnachtsmorgen versammelten sich alle Leute in der großen Kirche, um von Gott ein Zeichen zu erbitten. Als sie auf den Kirchhof hinaus traten, sahen sie etwas, das noch nicht dort gewesen war, als sie in die Kirche gegangen waren. Es war ein großer Steinquader, und mitten darin stak ein schönes Schwert. In Buchstaben aus Gold waren rund um den Stein herum diese Worte geschrieben:

«Wer dieses Schwert aus diesem Stein zieht, ist der rechtmäßige König von ganz England.»

Als alle Weihnachtsgebete gesprochen worden waren, versuchten viele Edle und Lords das Schwert aus dem

of the stone. But it stuck fast, and no one could move it.

"The man who will be able to do this is not yet here," the Archbishop said. He told ten knights to guard the stone and the sword night and day, until the New Year. Then there was to be a great tournament, and any man who wished could try to pull the sword out of the stone to prove that he was the rightful King.

On New Year's Day, Sir Ector rode into London to the tournament. With him he brought his own son, Sir Kay, and the young Arthur.

As they came near to the tournament, Sir Kay found that he had left his sword behind at the house in London where they were staying.

"Please go back and fetch it for me," Sir Kay said to Arthur.

"Of course I will," Arthur said, and he quickly rode back to their lodgings.

When Arthur came to the house, there was no one at home to give him the sword. Everyone had gone to watch the tournaments. So Arthur said to himself: "I'll go to the churchyard and take the sword I saw sticking out of that big stone. Kay can fight with that for today."

He rode back to the churchyard, tied up his horse at the gate, and went in. The ten knights who should have been on guard were away, watching the jousting in the tournament. So Arthur went up to the stone, pulled out the sword, and rode off with it to give to his brother, Sir Kay.

As soon as Sir Kay saw the sword he knew that it had come from the stone in the churchyard. He ran away to find his father, and said to him: "Look! Here is the sword out of the stone by the church. I must be the next King of all England."

Stein zu ziehen. Doch es stak fest, und keiner konnte es bewegen.

«Der Mann, der dazu imstande sein wird, ist noch nicht zugegen», sagte der Erzbischof. Er beauftragte zehn Ritter, den Stein und das Schwert Tag und Nacht bis Neujahr zu bewachen. Dann sollte ein großes Turnier stattfinden, und jeder Mann, der wollte, konnte versuchen, das Schwert aus dem Stein zu ziehen, um zu beweisen, daß er der rechtmäßige König war.

Am Neujahrstag ritt Sir Ector zu dem Turnier nach London. Mit sich brachte er seinen eigenen Sohn Sir Kay und den jungen Artus.

Als sie an den Turnierplatz kamen, merkte Sir Kay, daß er sein Schwert in dem Haus in London, in dem sie abgestiegen waren, zurückgelassen hatte.

«Bitte, kehr um und hol es mir», sagte Sir Kay zu Artus.

«Natürlich tu ich das», sagte Artus und ritt eilends zurück zu ihrer Unterkunft.

Als Artus zu dem Haus kam, war niemand da, um ihm das Schwert zu geben. Alle waren ausgegangen, um sich das Turniertreiben anzuschauen. So sagte sich Artus: «Ich will mich zum Kirchhof begeben und das Schwert nehmen, das ich dort aus dem großen Stein herausragen sah. Einstweilen kann Kay damit kämpfen.»

Er ritt wieder zum Kirchhof, band sein Pferd am Tor fest und ging hinein. Die zehn Ritter, die Wache halten sollten, waren weg und verfolgten die Kampfspiele auf dem Turnierplatz. So ging Artus zu dem Stein, zog das Schwert heraus und ritt mit ihm davon, um es seinem Bruder, Sir Kay, zu übergeben.

Sobald Sir Kay das Schwert sah, wußte er, daß es aus dem Stein im Kirchhof kam. Er lief fort und suchte seinen Vater und sagte zu ihm: «Schau her! Hier ist das Schwert aus dem Stein neben der Kirche. Ich muß der künftige König von ganz England sein.»

Sir Ector said: "Let us all three go back to the churchyard together."

When they reached the churchyard, Sir Ector said to Sir Kay: "Swear to me on the Book of Truth how you came by this sword."

"My brother Arthur brought it to me," Sir Kay said.

Sir Ector asked Arthur: "How did you get this sword?"

"I'll tell you," said Arthur. "I went home to get my brother's sword, but there was no one there to give it to me. So I came here, and pulled the sword out of the stone and took it to Kay."

"Let me see if you can put it back again," Sir Ector said.

"That's not difficult," Arthur said, and he put it back into the stone.

Sir Ector tried to pull it out again, but he could not.

"Now you try," Sir Ector said to Sir Kay.

Sir Kay tried with all his might, but he could not move the sword from the stone.

"Now you," Sir Ector said to Arthur, and again, Arthur pulled it out quickly.

Then Sir Ector and Sir Kay knelt down to the ground before Arthur.

But Arthur said: "Why do you kneel to me? You are my own dear father and brother."

"No, my lord Arthur. I am not your true father," Sir Ector said. Then he told Arthur how Merlin had carried him off, as a baby, to be brought up as if he were their son, by Sir Ector and his wife.

Arthur was very sad to know that Sir Ector was not his true father.

They went together to the Archbishop and told
34 him how Arthur had pulled the sword from the
35 stone.

Sir Ector sagte: «Laßt uns alle drei gemeinsam zum Kirchhof zurückgehen.»

Als sie den Kirchhof erreichten, sagte Sir Ector zu Sir Kay: «Schwöre mir bei der Heiligen Schrift: Wie bist du zu diesem Schwert gekommen?»

«Mein Bruder Artus hat es mir gebracht», sagte Sir Kay.

Sir Ector fragte Artus: «Wie hast du dieses Schwert bekommen?»

«Das will ich dir sagen», erwiderte Artus. «Ich kam in die Herberge, um Kays Schwert zu holen, doch niemand war da, der es mir geben konnte. So ging ich hierher und zog das Schwert aus dem Stein und brachte es Kay.»

«Zeig mir, ob du es zurückstecken kannst», sagte Sir Ector.

«Das ist nicht schwer», sagte Artus und steckte es wieder in den Stein.

Sir Ector versuchte es wieder herauszuziehen, doch es gelang ihm nicht.

«Jetzt versuche du es», sagte Sir Ector zu Sir Kay.

Sir Kay versuchte es mit aller Kraft, doch er bekam das Schwert nicht aus dem Stein heraus.

«Jetzt du», sagte Sir Ector zu Artus, und wieder zog Artus es mit Leichtigkeit heraus.

Da knieten Sir Ector und Sir Kay auf dem Boden vor Artus nieder.

Doch Artus sagte: «Warum kniet ihr vor mir nieder? Ihr seid doch mein lieber Vater und leiblicher Bruder.»

«Nein, mein Gebieter Artus. Ich bin nicht dein richtiger Vater», sagte Sir Ector. Und er erzählte Artus, wie Merlin ihn als Säugling weggebracht hatte, damit er von Sir Ector und seiner Frau aufgezogen würde, als wäre er ihr Sohn.

Artus war sehr traurig, als er erfuhr, daß Sir Ector nicht sein richtiger Vater war.

Sie gingen miteinander zum Erzbischof und erzählten ihm, wie Artus das Schwert aus dem Stein gezogen hatte.

After Christmas, at Twelfth Night and again at Candlemas and at Easter, many nobles and lords tried to pull the sword out of the stone. But no one could do it, except Arthur.

There was to be one more trial in the summer and until then the stone was guarded by ten knights. At the feast of Pentecost, in May, all the nobles and barons and knights gathered again in the churchyard in London, each man tried with all his might to pull the sword from the stone, for each man wished to be the new King.

But only Arthur could draw out the sword and this he did easily.

Then all the nobles and the common people cried out: "We will have Arthur for our King. It is God's will."

So Arthur became King of all England, and ruled over the land that his father, King Uther Pendragon had ruled before him.

Nach Weihnachten, am Dreikönigstag und wieder an Lichtmeß und an Ostern versuchten viele Edle und Lords das Schwert aus dem Stein zu ziehen. Doch keinem gelang es außer Artus.

Es sollte noch eine Probe stattfinden, im Sommer; bis dahin wurde der Stein von zehn Rittern bewacht. Im Mai, am Pfingstfest, versammelten sich wieder alle Edlen und Barone und Ritter auf dem Kirchhof in London. Jeder Mann versuchte mit aller Kraft, das Schwert aus dem Stein zu ziehen, denn jeder Mann wünschte sich, der neue König zu sein.

Doch nur Artus konnte das Schwert herausziehen, und für ihn war es ganz leicht.

Da riefen alle Edelleute und es rief das einfache Volk: «Wir wollen Artus zum König haben. Es ist der Wille Gottes.»

So wurde Artus König von ganz England und herrschte über das Land, über das sein Vater Uther Pendragon vor ihm geherrscht hatte.

# Sir Gawain and the Green Knight

# Sir Gawain und der Grüne Ritter

It was Christmastime in King Arthur's court at Camelot. For a fortnight the most famous knights in all the world, and the loveliest ladies too, delighted in singing and dancing, in festing and jousting, and in giving gifts and playing Christmas games. On New Year's Day a great feast was held with double portions for all. But Arthur himself would not sit down to eat until he had heard of some great adventure, or until some stranger should come to his court and offer a challenge to one of his knights.

The first course had just been served, and everyone, except the King, was beginning to eat, when, to their amazement, the doors opened and a huge horseman came riding down the hall. He seemed half giant, half man, and never before had they seen such a sight, for everything about the handsome knight was green. In one hand he held a branch of green holly to bring good luck at Christmastime, and in the other a huge green axe. All the diners were silent and the stranger did not speak until he reached the high table where Arthur was standing near Queen Guinevere. Then, glaring around, he demanded to know who was lord of that company.

Arthur did not hesitate but politely replied: "You are welcome, Sir Knight. I am the King of this land, and Arthur is my name. Please do us the honour of joining our feast."

Es war Weihnachten am Hofe von König Artus in Camelot. Vierzehn Tage lang vergnügten sich die berühmtesten Ritter aus aller Welt und auch die holdesten Damen bei Singen und Tanzen, bei Festgelagen und Turnierkämpfen; sie beschenkten sich gegenseitig und führten Weihnachtsspiele auf. Am Neujahrstag wurde ein großes Bankett gegeben, mit doppelter Portion für jeden. Doch Artus wollte sich nicht zu Tische setzen, bevor er nicht von einem großen Abenteuer erfahren hätte oder irgendein Fremder an seinen Hof gekommen wäre, um einen seiner Ritter zum Kampf herauszufordern.

Der erste Gang war soeben aufgetischt worden, und jeder außer dem König, begann zu speisen, als sich zur Überraschung aller die Türflügel öffneten und ein riesiger Reitersmann durch den Saal herangeritten kam. Er schien halb Riese, halb Mensch zu sein; nie zuvor hatten sie einen solchen Anblick gehabt: alles an dem stattlichen Ritter war grün. In der einen Hand hielt er einen grünen Stechpalmenzweig, der viel Glück zur Weihnachtszeit bringen sollte, und in der anderen ein riesiges grünes Beil. Alle Tischgäste schwiegen, und der Fremde sprach nicht, bis er die hohe Tafel erreichte, wo Artus neben Königin Ginevra stand. Dann blickte er sich um und begehrte zu wissen, wer der Herr dieser Tafelrunde sei.

Artus zögerte nicht, sondern erwiderte höflich: «Ihr seid willkommen, Herr Ritter. Ich bin der König dieses Landes, Artus ist mein Name. Bitte gebt uns die Ehre und nehmt an unserem Festmahl teil.»

The Green Knight answered that he did not mean to stay. He had come in peace, as his holly branch showed, to play a game at Christmastime. "Let one of these brave knights take my axe and strike one blow at me, then in a year from now I shall have the right to strike a return blow at him."

The company sat as if turned to stone, and no one came forward to take up the challenge.

The Green Knight glared, and then laughed in scorn, so that Arthur felt ashamed of his knights and took the axe himself. Then his nephew, Sir Gawain, spoke from the high table. Of all Arthur's knights he was the most famous for his bravery, skill in battle, and courtly behaviour.

"My lord, this game is too foolish for you to play. Please permit me to leave my seat by the Queen, and let the game be mine."

Then all agreed that Gawain should accept the challenge, and he took hold of the axe.

"My name is Gawain," he told the Green Knight, "and in a year's time I will receive a blow from you in return for the one I am about to give. But first tell me your name, and where I can find you."

"Just strike the blow now," the Green Knight replied. "Afterwards I will tell you my name and where you can find me. If I cannot speak, so much the better for you, for then you will not have to come and seek me out."

Then he bent his neck, and Gawain raised the huge axe high in the air.

Down came the axe and the sharp blade cut off the Green Knight's head. It rolled away across the floor but the Green Knight did not stagger or fall. He strode across to pick up his head then mounted
40 his horse, and turning towards the high table, the
41 head began to speak.

Der Grüne Ritter antwortete, daß er nicht bleiben wolle. Er sei in friedlicher Absicht gekommen, wie sein Stechpalmenzweig zeige, um zur Weihnachtszeit ein Spiel zu spielen. «Laßt einen von diesen mutigen Rittern mein Beil nehmen und einen einzigen Hieb gegen mich führen; dann werde ich von heute an in einem Jahr das Recht haben, ihm einen Gegenhieb zu versetzen.»

Die Tafelrunde saß wie versteinert, und keiner trat vor, die Herausforderung anzunehmen.

Der Grüne Ritter blickte wild um sich und lachte dann verächtlich, so daß Artus sich seiner Ritter schämte und selber das Beil nahm. Da ergriff Sir Gawain, sein Neffe, an der hohen Tafel das Wort. Von allen Rittern des Königs war er der berühmteste wegen seines Mutes, seiner Geschicklichkeit im Kampf und seines höfischen Betragens.

«Herr, dieses Spiel ist zu närrisch, um von dir gespielt zu werden. Bitte erlaube mir, mich von meinem Platz neben der Königin zu entfernen, und überlass das Spiel mir.»

Alle fanden es richtig, daß Gawain die Herausforderung annehmen sollte, und er ergriff das Beil.

«Mein Name ist Gawain», sagte er zu dem Grünen Ritter. «Nach Jahresfrist will ich einen Hieb von Euch empfangen für den, den ich nun gleich Euch versetze. Doch sagt mir erst Euren Namen und wo ich Euch finden kann.»

«Schlagt jetzt erst einmal zu», erwiderte der Grüne Ritter. «Danach nenne ich Euch meinen Namen und sage Euch, wo Ihr mich finden könnt. Wenn ich nicht sprechen kann, um so besser für Euch, denn dann müßt Ihr nicht kommen und mich suchen.»

Darauf beugte er seinen Nacken, und Gawain hob das riesige Beil hoch empor.

Hernieder sauste das Beil, und die scharfe Klinge trennte den Kopf des Ritters ab. Er rollte über den Boden, doch der Grüne Ritter wankte nicht und fiel nicht um. Er ging einige Schritte und hob seinen Kopf auf, dann stieg er zu Pferde. Er wandte sich der hohen Tafel zu, und der Kopf begann zu sprechen:

"I am the Knight of the Green Chapel, Sir Gawain. Next New Year's Day you must come to my home to receive a blow like the one you gave me. Do not fail to find me, or you will be known forever as a coward."

With that he gave a roar, turned his horse about and galloped out of the hall, and where he went to nobody knew.

Although Arthur was amazed, he did not show it, but said to Guinevere: "Do not be afraid, dear lady. This was just a Christmas game, but a marvellous one, I must admit, so now I can sit down to eat."

They hung up the axe for all to see, and there was feasting and music until the day ended.

Gawain was lighthearted when he took up the challenge on New Year's Day, but as the year went by it seemed more serious to him.

After Christmas came Lent and winter gave way to the shower of spring. Summer followed, and the earth grew green in the bright sun. After summer came the dusty harvest time, then the green grass turned grey and the end of October arrived. Soon it would be winter again.

On All Saints' Day Arthur gave a feast for Gawain. Next day his horse, Gringolet, was saddled and Gawain buckled on his armour. His servant brought his shield with its five-pointed star called the endless knot. This star was Gawain's special device, for he was very good in different ways and there was no end to his goodness, or so people thought.

After he had said his prayers, sadly he said good-bye and set out. The company he left was heavy-
42 hearted, for the task before Gawain no longer
43 seemed like a Christmas game to any of them.

«Ich bin der Ritter von der Grünen Kapelle, Sir Gawain. Am nächsten Neujahrstag müßt Ihr zu meinem Heim kommen, um einen Hieb von der Art zu empfangen, wie Ihr mir einen versetzt habt. Versäumt nicht, mich aufzusuchen, sonst geltet Ihr für alle Zeiten als ein Feigling.»

Damit brach er in dröhnendes Gelächter aus, wandte sein Pferd und galoppierte aus dem Saal; niemand wußte, wohin er sich begab.

Artus war bestürzt, aber er ließ es sich nicht anmerken, sondern sagte zu Ginevra: «Sei nicht erschrocken, liebe Gemahlin. Dies war nur ein Weihnachtsspiel, wenn auch, zugegeben, ein seltsames; also kann ich mich jetzt setzen und essen.»

Sie hängten das Beil für alle sichtbar auf, und es wurde geschmaust und musiziert, bis der Tag endete.

Gawain war noch unbekümmert, als er die Herausforderung am Neujahrstag annahm, doch im Lauf des Jahres fand er sie doch bedenklicher.

Nach Weihnachten kam die Fastenzeit, der Winter wich den Regenschauern des Frühlings. Der Sommer folgte, und die Erde wurde unter der strahlenden Sonne grün. Nach dem Sommer kam die staubige Erntezeit, da veränderte sich das grüne Gras in grau, und es wurde Ende Oktober. Bald würde wieder Winter sein.

An Allerheiligen gab Artus für Gawain ein Fest. Am nächsten Tag wurde Gawains Pferd Gringolet gesattelt, und Gawain legte seine Rüstung an. Sein Diener brachte den Schild mit dem fünfzackigen Stern, den man den endlosen Knoten nannte. Dieser Stern war Gawains besonderes Sinnbild, denn Gawain war in verschiedener Hinsicht vortrefflich, und seine Tugend war ohne Ende; so jedenfalls fanden die Leute.

Als er seine Gebete gesprochen hatte, verabschiedete er sich wehmütig und brach auf. Die Tafelrunde, die er verließ, war sehr ernst; die Aufgabe, die Gawain bevorstand, erschien keinem mehr wie ein Weihnachtsspiel.

For weeks Gawain rode into strange countryside, always alone, with only Gringolet for company. Wherever he went, he asked anyone he met: "Can you tell me, Sir, where I can find the Green Knight who lives in the Green Chapel?" But no one had ever heard of a Green Knight, or knew where the Green Chapel might be.

On he went, into the wilderness of the Wirral, over cliffs and across rivers, and often he had to fight a dragon or a wolf, or one of the trolls who lived among the crags. There were bulls and bears, boars and ogres, but worse than these was the winter weather. Most nights he had to sleep among the rocks in his armour, half dead with the cold and sleet.

At last came the morning of Christmas Eve, and Gawain was worried that he would not be able to go to church on Christmas Day. So he prayed to Mary, the mother of Christ, (whose picture was painted inside his shield to give him courage in battle), that she would lead him to some place where he might find people living.

That same morning Gawain rode along a hillside into a deep, wild forest, and he had just prayed again to Mary when suddenly he saw through the trees a beautiful castle set high above a meadow surrounded by a moat.

When he rode up on Gringolet, the drawbridge was let down and some of the company came out and knelt on the cold ground to greet him.

The lord himself came to the great hall to make him welcome, and Gawain thought that such a huge and handsome man was fit to be the owner of so fine a castle and the lord of so noble a company.

The servants led Gawain to a bedroom which was

Wochenlang ritt Gawain in unbekannte Landstriche, immer allein, nur mit Gringolet als Gefährten. Wohin er auch kam, fragte er jeden, den er traf: «Wißt Ihr mir zu sagen, Herr, wo ich den Grünen Ritter finden kann, der in der Grünen Kapelle wohnt?» Doch keiner hatte je von einem Grünen Ritter gehört oder wußte, wo die Grüne Kapelle sein könnte.

Gawain zog weiter in die Wildnis des Wirral, über Klippen und durch Flüsse, und oft mußte er mit einem Drachen oder einem Wolf kämpfen, oder mit einem der Unholde, die zwischen den Felsklippen hausten. Es gab Stiere und Bären, Keiler und menschenfressende Ungeheuer, doch schlimmer als sie alle war das Winterwetter. Die meisten Nächte mußte Gawain zwischen den Felsen in seiner Rüstung schlafen, halbtot vor Kälte und Eisregen.

Schließlich brach der Morgen vom Heiligen Abend an, und Gawain war besorgt, er würde am Weihnachtstag nicht in die Kirche gehen können. So betete er zu Maria, der Mutter Christi (deren Bild auf die Innenseite seines Schildes gemalt war, um ihm im Kampf Mut zu verleihen), daß sie ihm den Weg zu einem Ort weise, wo er auf menschliche Niederlassungen träfe.

Am selben Morgen ritt Gawain entlang einem Berghang in einen tiefen unwegsamen Wald. Er hatte gerade wieder zu Maria gebetet, als er plötzlich zwischen den Bäumen hindurch ein wunderschönes Schloß sah, hoch über einer Grasniederung, von einem Burggraben umgeben.

Als er auf Gringolet heranritt, wurde die Zugbrücke niedergelassen, und einige Burgleute kamen heraus und knieten auf die kalte Erde nieder, um ihn zu begrüßen. Der Schloßherr selber kam in die große Halle, um ihn willkommen zu heißen, und Gawain dachte, daß ein solch riesengroßer und stattlicher Mann es wohl würdig war, Eigentümer eines so glänzenden Schlosses und Oberhaupt einer so edlen Gesellschaft zu sein.

Die Bediensteten führten Gawain in ein Schlafgemach,

richly furnished, and they gave him fine clothes to wear, and delicious food to eat. With polite questions the company soon found out that this was Sir Gawain, from the court of King Arthur, who was so famous for his courtly behaviour and courage in battle, and they were delighted to have him among them that Christmastime.

As the evening drew on, they all went to chapel. The lord of the castle took Gawain with him into a pew with his lovely young wife and an ugly old lady who never left her side. On Christmas Day, and for three days after, there was dancing and singing, feasting and games, and Gawain and the lady were most happy together.

But on the third day, Gawain knew that he must linger no longer, and he said to the lord: "Tell me, Sir Knight, if you know of a Green Knight who lives in a Green Chapel, for I must find that place by New Year's Day," and he told the lord about the Green Knight's challenge.

"Stay here in comfort then until New Year's Day," replied the lord, roaring with laughter, "for that Green Chapel is only two miles away! Sleep on tomorrow as long as you like. My wife will take care of you during the day. I shall go hunting, and as it is Christmas, let us agree that whatever I catch in the hunt shall be yours, and in return you must give me anything that may come your way at home!"

Gladly Sir Gawain agreed to this game.

Next Morning, while it was still dark, the lord of the castle rode away to the hunt. But Gawain lay dozing until the sun rose. He heard a small sound and peeped through the bed's curtains and saw the young lady steal into his room. He lay down again and pretended to sleep. She sat on his bed and,

das kostbar eingerichtet war, gaben ihm vornehme Kleider zum Anziehen und reichten ihm köstliche Speisen. Durch höfliche Fragen erfuhren die Burgbewohner bald, daß dies Sir Gawain vom Hofe des Königs Artus war, berühmt für sein höfisches Betragen und seinen Mut im Kampf, und sie waren entzückt, ihn während dieser Weihnachtszeit bei sich zu haben.

Als es Abend wurde, gingen sie alle in die Kirche. Der Schloßherr nahm Gawain mit sich in einen Kirchenstuhl zusammen mit seiner holden jungen Ehefrau und einer häßlichen alten Dame, die nie von ihrer Seite wich. Am Weihnachtstag und noch drei Tage danach gab es Tanz und Gesang, Gelage und Spiele, und Gawain und die Schloßherrin waren sehr vergnügt miteinander.

Doch am dritten Tag wußte Gawain, daß er nicht länger verweilen durfte, und er sagte zum Schloßherrn: «Sagt mir, Herr Ritter, wißt Ihr etwas von einem Grünen Ritter, der in einer Grünen Kapelle wohnt? Ich muß nämlich bis zum Neujahrstag diesen Ort finden», und er berichtete von der Herausforderung des Grünen Ritters.

«Dann bleibt getrost bis Neujahr bei uns», erwiderte der Herr mit schallendem Gelächter, «denn diese Grüne Kapelle liegt nur zwei Meilen entfernt von hier. Schlaft morgen so lange wie Ihr mögt. Meine Frau wird sich während des Tages um Euch kümmern. Ich will auf die Jagd gehen; und weil Weihnachten ist, laßt uns vereinbaren: was immer ich auf der Jagd erbeute, soll Euch gehören, und umgekehrt, Ihr sollt mir geben, was Euch hier zu Hause zugelaufen kommt, was es auch sein mag!»

Mit Freuden willigte Sir Gawain in dieses Spiel ein.

Am nächsten Morgen, als es noch dunkel war, ritt der Herr des Schlosses fort auf die Jagd. Gawain aber lag in leichtem Schlummer, bis die Sonne aufging. Er vernahm ein kleines Geräusch und spähte durch die Bettvorhänge. Da sah er die junge Herrin sich ins Zimmer stehlen. Er legte sich wieder zurück und stellte sich schlafend. Sie

when he opened his eyes and seemed to be surprised, she laughed very softly.

"You are my prisoner, Sir Gawain," she said, and she stayed a long time speaking sweet words of love.

Gawain did not know what to do for the best, but politely replied, and finally said: "You honour me, madam, but praise me too highly. Your husband is a far better man than I am."

"Perhaps after all your are not really Sir Gawain," said the lady with a laugh, "for I feel sure that such a famous knight would have asked for a kiss from any lady who spent so long with him."

So, for fear of offending her, Gawain agreed, and she kissed him sweetly and left the room.

All day long the lord, with a hundred horsemen, their horns blaring and their hounds baying, had chased up hill and down dale hunting a herd of deer. At night they returned to the castle and called the whole company into the hall, to see how many deer they had killed and cut up ready for the kitchen.

"All this must be yours, Sir Gawain, according to our agreement," cried the lord in a merry mood. "Now tell me if you managed to catch anything at home to give me in exchange!"

"All that I caught I will gladly give you," replied Gawain. He put his arms around the lord's neck and gave him a sweet kiss. And they laughed about their bargain and agreed that on the following day they would again exchange whatever they might win in the hunt or at home.

On the second day, before the sun rose, the lord rode away with huntsmen and hounds, while Gawain lay in his soft warm bed. Again the lady came to him and offered her love, and gave him two kisses before she would leave.

setzte sich auf sein Bett, und als er die Augen öffnete und so tat, als wäre er überrascht, lachte sie sehr sanft.

«Ihr seid mein Gefangener, Sir Gawain», sagte sie und blieb lange bei ihm und sprach süße Liebesworte.

Gawain wußte nicht, wie er sich am besten verhalten sollte, doch antwortete er höflich und sagte zuletzt: «Ihr ehrt mich, meine Dame, doch Ihr rühmt mich zu sehr. Euer Gemahl ist ein viel besserer Mann als ich.»

«Vielleicht seid Ihr gar nicht der richtige Sir Gawain», sagte die Herrin lachend; «denn ich bin überzeugt, daß ein so berühmter Ritter von jeder Dame, die so lange bei ihm verweilte, einen Kuß erbeten hätte.»

Aus Furcht, sie zu kränken, willigte Gawain ein, und sie küßte ihn zärtlich und verließ das Gemach.

Der Schloßherr war den ganzen Tag über mit hundert Reitern und ihren schallenden Hörnern und bellend hetzenden Hunden hügelauf und talwärts gejagt, um einem Rudel Hirsche nachzusetzen. Am Abend kehrten sie ins Schloß zurück und riefen die ganze Gesellschaft in die Halle, daß alle sähen, wie viele Hirsche sie zur Strecke gebracht und bereits für die Küche zerlegt hatten.

«All dies muß Euch gehören, Sir Gawain, gemäß unserer Übereinkunft», rief der Schloßherr heiter gelaunt. «Nun sagt mir, ob Ihr es fertig gebracht habt, daheim etwas zu ergattern, um es mir im Austausch dafür zu geben.»

«Alles, was ich ergattert habe, will ich Euch gern geben», erwiderte Gawain. Er legte die Arme um den Hals des Schloßherrn und gab ihm einen zärtlichen Kuß. Und sie lachten über ihren Handel und kamen überein, daß sie am folgenden Tag, was immer ihnen auf der Jagd oder daheim zufiele, wieder austauschen würden.

Am zweiten Tag, vor Sonnenaufgang, ritt der Schloßherr mit Jägern und Jagdhunden aus, während Gawain in seinem weichen warmen Bett lag. Wiederum kam die Herrin zu ihm und bot ihre Liebe an und gab ihm zwei Küsse, ehe sie ihn verließ.

Her husband was on the track of a huge, fierce boar, which knocked down some huntsmen who stood in its path and wounded some hounds with its sharp tusks. But the lord charged after it across country on a fast horse all the day long, and at last drove it into a hole in a bank by a stream. Then the lord jumped into the water and fought hard with the boar, until he gave it a deadly wound with his sword.

So that night in the hall the lord had a fine boar to give Gawain, and, in return, Gawain gave him the two kisses which the lady had given him that morning. Then they sang und played games and were merry together, and promised to make the same bargain again.

"For I have tested you twice and found you true to your word," said the lord.

On the third morning Gawain lay asleep dreaming of the Green Chapel, and the dreadful blow he must soon receive. But the lady woke him with loving words, then sadly said: "As you will not love me, I think you left your love behind at Arthur's court."

And Gawain, afraid of offending her, or doing wrong to her lord, sadly replied: "Madam, I cannot give my love to any lady for you know what lies before me tomorrow."

"At least take a gift to remember me by," she said. "This green girdle may seem cheap to you, but whoever wears it cannot be killed by any man on earth." And she begged him to take it but to keep the gift secret.

That night the lord gave Gawain the skin of a fox, and in return he received three kisses as
50 sweet as Gawain could make them, just as the lady
51 had given them to him that day. But he kept the

Ihr Gemahl war auf der Spur eines riesigen grimmigen Keilers, der einige Jäger, die ihm im Weg standen, umriß und einige Jagdhunde mit seinen scharfen Hauern verletzte. Doch den ganzen Tag stürmte ihm der Schloßherr auf einem schnellen Pferd quer durchs ganze Land nach und trieb ihn schließlich in eine Kuhle am Ufer eines Flusses. Da sprang der Schloßherr ins Wasser und kämpfte heftig mit dem Keiler, bis er ihm mit seinem Schwert eine tödliche Wunde zufügte.

So konnte der Schloßherr an diesem Abend in der Halle Gawain einen prächtigen Keiler bieten, und Gawain gab ihm dafür die zwei Küsse, die er an diesem Morgen von der Herrin erhalten hatte. Dann sangen sie und spielten Spiele und waren zusammen fröhlich und versprachen sich, den gleichen Handel zu wiederholen.

«Denn ich habe Euch zweimal auf die Probe gestellt und fand, daß Ihr Eurem Wort getreu seid», sagte der Herr.

Am dritten Morgen lag Gawain schlafend und träumte von der Grünen Kapelle und dem fürchterlichen Hieb, den er bald empfangen mußte. Doch die Herrin weckte ihn mit liebevollen Worten und sagte dann betrübt: «Da Ihr mich nicht lieben wollt, glaube ich, daß Ihr Eure Liebe an König Artus' Hof zurückgelassen habt.»

Gawain, der fürchtete, entweder sie zu kränken oder ihrem Gebieter ein Unrecht anzutun, antwortete traurig: «Herrin, ich kann keiner Dame meine Liebe schenken; Ihr wißt doch, was mir morgen bevorsteht.»

«Dann nehmt wenigstens ein Geschenk an, das Euch an mich erinnert», sagte sie. «Dieser grüne Gürtel mag Euch gering erscheinen, doch wer ihn trägt, kann von keinem Mann auf Erden getötet werden.» Sie bat ihn, den Gürtel anzunehmen, aber das Geschenk geheimzuhalten.

An diesem Abend übergab der Schloßherr seinem Gast das Fell eines Fuchses, und er erhielt dafür drei Küsse, so zärtlich Gawain sie geben konnte, genau so wie die Herrin sie ihm an diesem Tag gegeben hatte. Doch den grünen

green girdle secret and did not give that gift to the lord.

They feasted and danced till bedtime, then Gawain said goodbye, and thanked the lord and his two ladies, the young and the old, from the bottom of his heart for all their kindness to him that Christmastime.

On the icy cold morning of New Year's Day, Gawain put on his armour and wound the green girdle twice round his waist in the hope that it might save his life. His guide led him out into wild rough country, then begged him not to go on to the Green Chapel. But Gawain replied that whatever might happen he must go to meet the Green Knight, or know in his heart forever the he was a coward.

So he rode on down the track alone into a rocky valley until he came to an old cave by a stream, all overgrown with grass. "Can this strange place be the Green Chapel?" wondered Gawain as he walked all around it.

Then, echoing from the cliffs, came a terrible sound as though some huge weapon was being sharpened, so he called out: "Is the master of this place at home? I, Sir Gawain, am ready, if he has any business with me."

"Wait there," roared a fierce voice. "Soon you shall have what I promised you once," and the Green Knight, looking as he did when he came to Arthur's court, came hurtling through a gap in the rocks. In his hand he carried a huge new axe.

"I am glad that you keep your word, Sir Gawain," said the Green Knight, "and have come to receive a blow without fighting back, just as I did, a year ago."

"Do what you must," Gawain replied. "I will

Gürtel hielt er geheim und übergab ihn dem Schloßherrn nicht.

Sie feierten und tanzten bis zur Schlafenszeit, dann verabschiedete sich Gawain und dankte dem Herrn und seinen beiden Damen, der jungen und der alten, aus Herzensgrund für alle Freundlichkeit ihm gegenüber während dieser Weihnachtszeit.

Am eiskalten Morgen des Neujahrstages legte Gawain seine Rüstung an und schlang den grünen Gürtel zweimal um seine Taille, in der Hoffnung, daß er sein Leben retten möge. Ein Geleitsmann führte ihn in wildes rauhes Land; dort bat er ihn inständig, nicht bis zur Grünen Kapelle zu gehen. Doch Gawain erwiderte, er müsse, was auch immer sich ereignen mochte, den Grünen Ritter treffen, weil er sonst auf immer das Gefühl haben müßte, ein Feigling zu sein.

Also ritt er allein weiter seinen Pfad in ein felsiges Tal hinein, bis er zu einer alten Höhle an einem Fluß kam, die ganz mit Gras überwachsen war. «Ob diese seltsame Stätte etwa die Grüne Kapelle ist?» fragte sich Gawain, indem er ganz um sie herumging.

Da erscholl, widerhallend von den Felswänden, ein schreckliches Geräusch, so als würde eine riesige Waffe gewetzt; darum rief er: «Ist der Herr dieser Stätte zu Hause? Ich, Sir Gawain, bin bereit, sollte er mit mir einen Handel haben.»

«Wartet dort», brüllte eine grimmige Stimme. «Bald werdet Ihr bekommen, was ich Euch einst versprach», und der Grüne Ritter, der genauso aussah wie damals, als er an Artus Hof kam, stürzte durch einen Spalt im Felsen hervor. In seiner Hand hielt er ein riesiges neues Beil.

«Es freut mich, daß Ihr Euer Wort haltet, Sir Gawain», sagte der Grüne Ritter, «und gekommen seid, um einen Hieb zu empfangen, ohne Euch zur Wehr zu setzen, genau wie ich vor einem Jahr.»

«Tut, was Ihr tun müßt», erwiderte Gawain. «Ich werde

stand still," and he bent his head, showing no sign of fear.

Fiercely the Green Knight raised the axe, and it came rushing down. But Gawain could not help flinching a little, and the Green Knight swerved the blade aside.

"Well, you cannot be Sir Gawain," he said scornfully, "for they say that he is the bravest knight on earth. Did I flinch when you cut off my head? I must be a braver knight than you are."

"I will not flinch this time," said Gawain, "though if you cut off my head I cannot put it back again as you did."

Grimly the Green Knight prepared to strike, but at the last moment he aimed the blow away, though Gawain stood ready, as firm as a rock.

Then Gawain was angry and told the Green Knight to stop his threats and strike the blow.

For the third time the Green Knight raised the axe. It came hurtling down, but slowed at the end so that Gawain received only a small cut on his neck.

At once he leapt away, seized his sword and put on his helmet, and cried: "You have had your one blow! If you strike me again, I am ready for battle."

The Green Knight rested on his axe and said cheerfully: "Do not be so angry, Sir Gawain. I promised you one blow, and one blow you have had. My name is Sir Bertilak. I am the lord of the castle, and the first two blows I aimed at you were for the first two nights of our bargain, when you gave me the kisses that my dear wife gave you. The third night you were not quite true to your word, for you kept secret my own green girdle that my wife gave to you. I sent my wife to test you, and

stillhalten», und er neigte den Kopf und ließ sich keine Spur von Furcht anmerken.

Grimmig hob der Grüne Ritter das Beil, und es kam herabgesaust. Doch Gawain konnte nicht umhin, ein wenig zurückzuzucken, und der Grüne Ritter traf mit der Schneide an ihm vorbei.

«Nun, Ihr könnt nicht Sir Gawain sein», sagte er verächtlich, «denn man sagt, er sei der mutigste Ritter der Welt. Habe etwa ich zurückgezuckt, als Ihr meinen Kopf abschluget? Ich muß ein mutigerer Ritter sein als Ihr.»

«Diesmal will ich nicht zurückzucken», sagte Gawain, «obwohl ich mir den Kopf, wenn Ihr ihn abhackt, nicht wieder aufsetzen kann wie Ihr.»

Grimmig holte der Grüne Ritter aus, doch im letzten Augenblick zielte er mit dem Hieb daneben, obwohl Gawain bereitstand, so fest wie ein Fels.

Nun wurde Gawain zornig und forderte den Grünen Ritter auf, sein Einschüchtern zu unterlassen und den Hieb zu führen.

Zum dritten Mal hob der Grüne Ritter das Beil. Es kam herabgesaust, doch verlangsamte es sich zum Ende hin so, daß Gawain nur einen kleinen Schnitt im Nacken erhielt.

Augenblicklich sprang er zurück, ergriff sein Schwert, setzte sich den Helm auf und rief: «Ihr habt Euren einen Hieb getan! Wenn Ihr nochmals nach mir ausholt, bin ich zum Kampf bereit.»

Der Grüne Ritter stützte sich auf sein Beil und sagte heiter: «Seid nicht so zornig, Sir Gawain. Ich habe Euch einen Hieb versprochen, und einen Hieb habt Ihr erhalten. Ich heiße Sir Bertilak. Ich bin der Herr des Schlosses. Die beiden ersten Hiebe, die ich auf Euch zielte, galten den ersten beiden Abenden unseres Handels, als Ihr mir die Küsse schenktet, die meine liebe Frau Euch gab. Am dritten Abend habt Ihr nicht ganz ehrlich zu Eurem Wort gestanden, denn ihr hieltet meinen eigenen grünen Gürtel geheim, den meine Frau Euch gab. Ich habe meine Frau zu Euch geschickt, um Euch zu prüfen. Jetzt weiß ich, daß

I know now that you are the truest knight on earth. You failed a little over the girdle, but who can blame you? That was because you love your life and did not want to die."

He said that the ugly old lady, Morgan le Fay, was a wicked enchantress who had sent the Green Knight to test the famous courage of King Arthur's court. She had even hoped that Guinevere might die of fright.

Gawain stood in silence, filled with great shame. "This girdle has proved me both cowardly and greedily," he said sadly, handing it to the Green Knight. But the Green Knight laughed, and said he had paid for his faults, and gave him the girdle to keep as a gift.

Then the Green Knight asked Gawain to honour his company again at the castle, but Gawain thanked him once more and said that he would set out on the long journey back to Camelot. After many adventures he reached Arthur's court, and the company there was overjoyed to see him return.

He told them the story of all that had happened, and showed them the cut on his neck, and the lovely green girdle which he wore as a baldric. "If ever I am proud of my skill in battle," he said, "this baldric will remind me of my shame when I was proved to be a coward."

But the company all praised him, and everyone agreed to wear a green baldric from that day forever in honour of Sir Gawain and the great courage he had shown in the Green Knight's Christmas challenge.

Ihr der aufrechteste Ritter auf Erden seid. Das mit dem Gürtel war ein kleines Vergehen, aber wer kann Euch das zum Vorwurf machen? Es geschah, weil Ihr Euer Leben lieb habt und nicht sterben wolltet.»

Sir Bertilak sagte, daß die häßliche alte Dame, Morgane le Fay, eine böse Zauberin sei, die den Grünen Ritter ausgesandt habe, um den berühmten Heldenmut von König Artus Tafelrunde auf die Probe zu stellen. Sie hatte sogar gehofft, daß Ginevra vor Schreck sterben würde.

Gawain stand schweigend, von tiefer Scham erfüllt. «Dieser Gürtel hat mich nicht nur als feige, sondern auch als habgierig erwiesen», sagte er traurig und übergab ihn dem Grünen Ritter. Doch der Grüne Ritter lachte und sagte, daß er seine Fehler abgebüßt habe, und machte ihm den Gürtel zum Geschenk.

Dann bat der Grüne Ritter Gawain, seiner Schloßgesellschaft nochmals die Ehre zu erweisen, doch Gawain dankte ihm wiederum und sagte, daß er sich auf die lange Reise zurück nach Camelot begeben wolle. Nach vielen Abenteuern erreichte er Artus' Hof, und die Tafelrunde dort war überglücklich, ihn zurückkommen zu sehen.

Gawain erzählte, was sich alles ereignet hatte, und zeigte den Schnitt auf seinem Nacken und den wunderschönen grünen Gürtel, den er als Wehrgehänge trug. «Falls ich jemals auf meine Geschicklichkeit im Kampf stolz sein sollte», sagte er, «wird dieses Wehrgehänge mich an die Schmach erinnern, wie ich mich als Feigling erwies.»

Doch alle in der Tafelrunde priesen ihn und kamen überein, daß sie von diesem Tag an allesamt für immer ein grünes Wehrgehänge tragen wollten, zu Ehren von Sir Gawain und seinem großen Mut, den er bei der Herausforderung des Grünen Ritters zu Weihnachten gezeigt hatte.

# Richard the Lionheart

# Richard Löwenherz

Richard the First of England was tall, dashing, handsome and brave. His courage was so well known that he was given the name Richard Coeur de Lion, or Richard the Lionheart. As a young man, Richard was quarrelsome, violent and wild.

When Richard was thirty, the terrible news reached Europe that the Second Crusade had failed. Christian warriors from Europe had marched forth to save the holy city of Jerusalem. But Saladin, the Sultan of Egypt and Syria, had driven the Crusaders out of Palestine and captured Jerusalem.

The Pope, Gregory, sent a message to the Kings, Emperors, Dukes, Nobles and Knights of Europe. "It is your duty as Christian men to mount another Crusade."

Duke Leopold of Austria, King Philip of France and Richard of England agreed to lead their armies to the Holy Land. Richard felt that he had been summoned by God to save Jerusalem. He went to Tours, in France, where he received the Cross from the Archbishop, Bartholomew.

Two years later, Richard's father, King Henry II, died. Richard became King. Now he could prepare for the Third Crusade. After a splendid coronation in London, he rode around England recruiting soldiers and raising money to pay for the expedition. He was so eager that some people objected when

Richard der Erste von England war großgewachsen, ungestüm, stattlich und verwegen. Sein Mut war so allgemein bekannt, daß man ihn Richard Coeur de Lion oder Richard Löwenherz nannte. Als junger Mann war er streitsüchtig, gewalttätig und ungezügelt.

Als Richard dreißig Jahre alt war, erreichte Europa die schlimme Nachricht, daß der Zweite Kreuzzug gescheitert war. Christliche Krieger aus Europa waren ausgezogen, um die Heilige Stadt Jerusalem zu schützen. Doch Saladin, der Sultan von Ägypten und Syrien, hatte die Kreuzritter aus Palästina vertrieben und Jerusalem erobert.

Papst Gregor sandte eine Botschaft an die Könige, Kaiser, Herzöge, Edelleute und Ritter Europas: «Es ist eure Christenpflicht, einem nochmaligen Kreuzzug zu unternehmen.»

Herzog Leopold von Österreich, König Philipp von Frankreich und Richard von England vereinbarten, ihre Armeen ins Heilige Land zu führen. Richard glaubte, daß er von Gott berufen sei, Jerusalem zu retten. Er zog nach Tours in Frankreich, wo er das Kreuz durch den Erzbischof Bartholomäus empfing.

Zwei Jahre später starb Richards Vater, König Heinrich II., und Richard wurde König. Jetzt konnte er den dritten Kreuzzug vorbereiten. Nach einer glanzvollen Krönung in London ritt er durch England, um Soldaten anzuwerben und um Geld zur Bezahlung des Unternehmens zu beschaffen. Er war so hartnäckig, daß einige Leute Einwände

he agreed to sell titles, honours, positions, anything, to raise money. Richard replied: "I would sell even the city of London if I could find anyone to buy it."

That same year, Richard crossed the Channel. He went to Tours again, where he was greeted by Archbishop Bartholomew. "Take from me this script and this staff, the tokens of a holy pilgrim," the Archbishop said.

Richard seized the staff, but when he leant on it, it broke in two. "This is no bad omen, it is a sign of my strength," he said.

Richard and his many followers rode out in splendour from Tours, to meet King Philip at Vezelay. They were ready to begin their Crusade.

The two Kings rode southwards together as far as Lyons, where they separated. Philip went east to Genoa, and Richard to Marseilles, where he hoped to meet his fleet from England. A tremendous storm had delayed the ships, and Richard, too impatient to wait for them, journeyed on by sea down the coast of Italy to Messina in Sicily, where he was to meet Philip.

But Philip had arrived first, and had been lodged in the royal palace. Richard was angry to find that he and his followers had been given a house outside the city walls.

Richard and Philip embraced each other as if they were the best of friends, but Richard was still displeased by his welcome. There was constant trouble between the English Crusaders and the Sicilians, who taunted the men with the common insult: "Tails! Tails! Englishmen with tails!" As if under their grand clothes, the Crusaders were no better than animals.

erhoben, als er zuließ, daß Titel, Ehren, Ämter, was auch immer, verkauft wurden, um Geld zu beschaffen. Richard sagte dagegen: «Ich würde sogar die Stadt London verkaufen, wenn ich jemanden fände, der sie kaufte.»

Noch im gleichen Jahr überquerte Richard den Kanal. Wieder begab er sich nach Tours, wo er vom Erzbischof Bartholomäus empfangen wurde. «Nimm von mir dieses Schriftstück und diesen Stab, die Zeichen eines heiligen Pilgers», sagte der Erzbischof.

Richard ergriff den Stab, doch als er sich darauf stützte, zerbrach er in zwei Teile. «Das ist kein böses Omen, es ist ein Zeichen meiner Stärke», sagte er.

Richard und seine vielen Gefolgsleute ritten in großem Prunk aus Tours, um König Philipp in Vézelay zu treffen. Sie waren bereit, den Kreuzzug anzutreten.

Die beiden Könige ritten zusammen südwärts bis nach Lyon, wo sie sich trennten. Philipp wandte sich ostwärts nach Genua, und Richard zog nach Marseille, wo er seine Flotte aus England anzutreffen hoffte. Ein gewaltiger Sturm hatte die Schiffe aufgehalten, und Richard, der zu ungeduldig war, um auf sie zu warten, reiste zur See weiter, die Küste Italiens entlang, bis nach Messina auf Sizilien, wo er Philipp treffen sollte.

Nun war Philipp schon vorher angekommen, und man hatte ihn im königlichen Palast untergebracht. Richard war zornig, als er sah, daß ihm und seinen Gefolgsleuten ein Haus außerhalb der Stadtmauern zugewiesen worden war.

Richard und Philipp umarmten sich, als wären sie die besten Freunde, doch Richard war immer noch ungehalten über diesen Empfang. Es gab fortwährend Spannungen zwischen den englischen Kreuzrittern und den Sizilianern, die die Männer verhöhnten, indem sie ihnen die schimpfliche Beleidigung nachriefen: «Schwänze! Schwänze! Engländer mit Schwänzen!» Als ob die Kreuzritter unter ihrer großartigen Kleidung nichts anderes als Tiere wären.

Richard's fleet had now arrived and he set sail with his army. But they met with such violent storms that they were forced to put into port at Cyprus. The island was ruled by Isaac, a Greek who had made himself Emperor.

Isaac disliked the Crusaders. His army was waiting on the shore to attack Richard and his men as they landed. But the Greeks were untrained and had very few weapons, and Richard's army soon overcame them. But Isaac escaped. He had ridden swiftly away on his famous Arab horse, Fauvel.

After the battle, Richard's sister, Joan, and his bride, Berengaria, where able to join him on Cyprus.

A month later, Richard's marriage took place at Limassol. In the middle of the wedding feast, a message from Isaac was brought to Richard. "Meet me at once in the garden of fig trees."

Richard left the feast and met Isaac , who, pretending to be friendly, embraced him and promised to give him the island of Cyprus. But Richard didn't trust him. He took Isaac back to the camp of the Crusaders, as his prisoner.

Isaac pleaded that he might not be put in irons. Richard agreed, but he then ordered fetters of silver to be made, and with these Isaac was bound. Then Richard took the beautiful Arab horse Fauvel for himself.

Richard sailed away from Cyprus and at last reached the port of Acre in the Holy Land. Once again, Philip had arrived first. The French King had been attacking the walls with battering rams und bores, but the city remained intact.

Richard saw at once that cross-bows and stone-throwing machines worked from a distance would have more effect and save his men from being shot and burned immediately below the walls.

Richards Flotte war jetzt eingetroffen, und er ging mit seinem Heer unter Segel. Doch sie gerieten in so heftige Stürme, daß sie gezwungen waren, einen Hafen auf Cypern anzulaufen. Die Insel wurde beherrscht von Isaak, einem Griechen, der sich selber zum Kaiser ernannt hatte.

Isaak mochte die Kreuzritter nicht. Sein Heer wartete am Ufer, um Richard und seine Leute bei der Landung anzugreifen. Doch die Griechen waren ungeübt und hatten nur sehr wenig Waffen; Richards Armee konnte sie bald überwältigen. Isaak aber entkam. Er war rasch auf seinem berühmten Araberpferd Fauvel davongeritten.

Nach der Schlacht konnten Richards Schwester Johanna und seine Braut Berengaria zu ihm nach Cypern kommen.

Einen Monat später fand Richards Heirat in Limassol statt. Mitten während der Hochzeitsfeierlichkeiten wurde Richard eine Botschaft von Isaak überbracht: «Kommt sogleich zu mir in den Feigenbaumgarten!»

Richard verließ das Fest und traf Isaak, der sich freundlich stellte, ihn umarmte und ihm versprach, ihm die Insel Cypern zu überlassen. Doch Richard traute ihm nicht. Er nahm Isaak mit zurück in das Lager der Kreuzritter als seinen Gefangenen.

Isaak bat flehentlich, daß man ihn nicht in Eisen lege. Richard war einverstanden, doch dann befahl er, Fußschellen aus Silber anzufertigen, und mit denen wurde Isaak gefesselt. Danach eignete Richard sich das schöne Araberpferd Fauvel an.

Richard segelte von Cypern ab und erreichte schließlich den Hafen von Akko im Heiligen Land. Schon wieder war Philipp als erster eingetroffen. Der französische König hatte die Mauern mit Sturmböcken und Bohrungen angegriffen, doch die Stadt blieb unbezwungen.

Richard sah sogleich, daß Armbrüste und Steinwurfmaschinen, aus der Ferne eingesetzt, mehr bewirken würden und zudem seine Leute davor bewahrten, unmittelbar zu Füßen der Mauern erschossen oder verbrannt zu werden.

At last Richard succeeded in destroying a tower, called The Accursed, and in breaking down the walls and entering the fortress. He took over the Palace of the Kings and flew his own flag above the walls. Leopold of Austria set up his standard beside Richard's, but an English soldier pulled it down. Leopold never forgave this insult and later took his revenge on Richard.

During the siege of Acre, Richard fell ill with a high fever. One night, as he lay shivering in his tent, he was told that a stranger wished to see him and was offering to cure his fever.

"Bring him before me," Richard said, and then he saw a slight, elderly man, wrapped in a mantle that partly covered his face. "You say that you can cure my fever?" Richard asked.

Without speaking, the man took from under a wrapping a stone of a transparent green colour, curiously carved. He laid it first on Richard's forehead, then on his breast, then on his feet.

"Are you a physician?" Richard asked. The stranger shook his head, folded the stone away within his robe and left, still without speaking. In truth, this strange visitor was Saladin, leader of the Saracens, who had heard of Richard's illness and generously wished to help his brave enemy.

Philip, who had also been ill, was envious of Richard's success at Acre. He gave up his Crusade and returned to France.

Richard began a long march southwards down the coast of Palestine. The army was troubled by many skirmishes with the Saracens, as well as the blistering August heat. The Crusaders reached Joppa in September and remained there for three months, while Richard planned his next, difficult campaign.

Endlich gelang es Richard, einen Turm zu zerstören, den sogenannten «Verfluchten», und die Mauern niederzureißen und in die Festung einzudringen. Er eroberte den Palast der Könige und ließ seine eigene Flagge über die Mauern wehen. Leopold von Österreich setzte seine Standarte neben die Standarte Richards, doch ein englischer Soldat holte sie wieder herunter. Leopold vergaß diese Beleidigung nie und nahm später Rache an Richard.

Während der Belagerung von Akko erkrankte Richard an hohem Fieber. Eines Nachts, als er fröstelnd in seinem Zelt lag, meldete man ihm, daß ein Fremder ihn sehen wolle und sich erbiete, sein Fieber zu heilen.

«Bringt ihn zu mir», sagte Richard, und dann erblickte er einen schmächtigen älteren Mann, der in einen Umhang gehüllt war, der auch das Gesicht zum Teil verdeckte. «Ihr sagt, daß Ihr mein Fieber heilen könnt?» fragte Richard.

Ohne zu sprechen wickelte der Mann aus einem Tuch einen Stein von durchsichtig grüner Farbe, der sonderbar geschliffen war. Er legte ihn zuerst auf Richards Stirn, dann auf seine Brust, dann auf seine Füße.

«Seid Ihr ein Arzt?» fragte Richard. Der Fremde schüttelte den Kopf, steckte den Stein wieder unter sein Gewand und ging, auch jetzt ohne zu sprechen. Dieser fremde Besucher war in Wirklichkeit Saladin, der Führer der Sarazenen. Er hatte von Richards Erkrankung erfahren und wünschte großmütig, seinem tapferen Feind zu helfen.

Philipp, der auch krank gelegen hatte, war eifersüchtig auf Richards Erfolg bei Akko. Er brach seinen Kreuzzug ab und kehrte nach Frankreich zurück.

Richard begann einen langen Marsch südwärts entlang der Küste von Palästina. Das Heer hatte unter vielen Scharmützeln mit den Sarazenen und unter der brennenden Augusthitze zu leiden. Die Kreuzritter erreichten im September Joppe und blieben dort drei Monate lang, während deren Richard den nächsten mühevollen Feldzug

In December, in a bitterly cold winter, he led his army towards Ascalon.

One day, when Richard had ridden up a hill pursuing some mounted Saracens, one of his companions said: "Sire, come here and I will show you Jerusalem."

But Richard would not look. He wept, and said: "God, let me not look on thy Holy City since I cannot deliver it from thine enemies."

Richard now realized that he could not continue fighting without allies and that he must make peace with Saladin. He promised to leave Palestine for three years. Saladin gave permission for Christian pilgrims to visit the Holy City and to keep the ports of Joppa, Acre, Haifa and Caesarea.

There is a story which tells that Richard and Saladin met to discuss the treaty. Then the two leaders compared their weapons.

"My sword is forged from the finest steel in Europe," Richard boasted. He called to his servants: "Bring me a steel mace with a thick handle."

The mace was laid across a block of wood, and with one stroke Richard severed the handle into two.

"Your sword is certainly sharp. Let us see what I can do with my scimitar," Saladin said.

He laid a silk cushion on the floor and with his scimitar divided it. While Richard gazed in astonishment, Saladin took off his silken veil and laid it double against the edge of the scimitar. Suddenly he drew the blade towards him. The veil fell into two parts, and the silk was left unfrayed.

Having made the treaty with Saladin, Richard prepared to return to England. He did not want to travel through France, fearing that King Philip, his

plante. Im Dezember, in einem bitter kalten Winter, führte er sein Heer gegen Askalon.

Als Richard eines Tages bei der Verfolgung einiger berittener Sarazenen einen Hügel hinaufgesprengt war, sagte einer aus seinem Gefolge: «Herr, kommt hierher, und ich werde Euch Jerusalem zeigen.»

Doch Richard wollte nicht hinschauen. Er weinte und sagte: «Gott, laß mich nicht deine Heilige Stadt sehen, denn ich kann sie doch nicht von deinen Feinden befreien.»

Richard erkannte jetzt, daß er ohne Verbündete nicht weiter kämpfen konnte und mit Saladin Frieden schließen mußte. Er versprach, Palästina für drei Jahre zu verlassen. Saladin erteilte christlichen Pilgern die Erlaubnis, die Heilige Stadt zu besuchen und die Häfen von Joppe, Akko, Haifa und Caesarea zu behalten.

Eine Legende berichtet, daß Richard und Saladin sich trafen, um den Vertrag auszuhandeln. Danach verglichen die beiden Heerführer ihre Waffen.

«Mein Schwert ist aus dem besten Stahl Europas geschmiedet», prahlte Richard. Er rief seinen Dienern zu: «Bringt mir eine Stahlkeule mit einem dicken Griff.»

Die Keule wurde auf einen Holzblock gelegt, und mit einem einzigen Hieb durchschlug Richard den Griff.

«Gewiß, Euer Schwert ist scharf», sagte Saladin. «Nun laßt uns sehen, was ich mit meinem Krummsäbel erreiche.»

Er legte ein seidenes Kissen auf den Boden und halbierte es mit seinem Krummsäbel. Während Richard noch staunend darauf blickte, nahm Saladin seinen seidenen Schleier ab und legte ihn doppelt über die Klinge des Krummsäbels. Mit einem Ruck zog er die Klinge auf sich zu. Der Schleier fiel in zwei Teile, und die Seide war nicht ausgefranst.

Nachdem Richard den Vertrag mit Saladin geschlossen hatte, bereitete er seine Rückkehr nach England vor. Er wollte nicht durch Frankreich ziehen, weil er fürchtete, König

bitter enemy, would catch him and imprison him. Instead he sailed up the Adriatic Sea, meaning to cross Austria.

A storm drove him ashore in Italy where he disguised himself as "Hugh the Merchant". He sent a ruby ring as a bribe to the local ruler but it was so valuable that the man became suspicious and sent riders after him to arrest him. Richard escaped and managed to reach Vienna.

He was too tired and ill to go further, so he stopped at a small inn and sent a servant out to buy food. Unfortunately this man was carrying one of Richard's gloves tucked into his belt, and the spies of Leopold of Austria, who were already on the look-out for Richard, recognised that so rich a glove could only belong to a King.

Richard was captured and imprisoned in one of Leopold's mountain strongholds, on a rock high above the river Danube.

The English people did not know if their King was alive or dead. His loving minstrel, Blondel, believed he lived. He left the English court and roamed about Germany and Austria in the hope of discovering where his King was imprisoned.

Blondel went from fortress to fortress, singing outside the grim walls one of the songs which he and Richard had sung together when Richard was young and free.

One day, to his joy, as he sang outside the castle in Durrenstein, Blondel heard from a high window the refrain of the song echoing back to him. When they heard he was alive, all England rejoiced and hoped that Richard might soon be freed.

But in the meantime Leopold handed his prisoner over to the German Emperor Henry IV, who sent

Philipp, sein erbitterter Feind, würde ihn festhalten und gefangensetzen. Stattdessen segelte er die Adria hinauf, in der Absicht, Österreich zu durchqueren.

Ein Sturm trieb ihn in Italien an Land, wo er sich als «Kaufmann Hugh» ausgab. Er übersandte dem dortigen Herrscher als Bestechung einen Rubinring, doch der war so kostbar, daß der Mann argwöhnisch wurde und ihm Reiter nachsandte, um sich seiner zu bemächtigen. Richard entkam und konnte Wien erreichen.

Er war zu erschöpft und krank, um weiterzuziehen, deshalb machte er in einer kleinen Herberge Halt. Er schickte einen Diener aus, etwas zu essen zu kaufen. Unglücklicherweise hatte dieser Mann einen Handschuh Richards im Gürtel stecken, und die Spione Leopolds von Österreich, die schon Ausschau nach Richard hielten, erkannten, daß ein so kostbarer Handschuh nur einem König gehören konnte.

Richard wurde gefangengenommen und in einer von Leopolds Bergfestungen auf einem Felsen hoch über der Donau eingekerkert.

Das englische Volk wußte nicht, ob sein König lebte oder tot war. Richards treu ergebener Sänger Blondel glaubte, daß er lebte. Er verließ den englischen Hof und zog kreuz und quer durch Deutschland und Österreich. Er hoffte herauszubekommen, wo sein König gefangengehalten wurde.

Blondel zog von Festung zu Festung und sang außerhalb der düsteren Mauern eines der Lieder, die er und Richard miteinander gesungen hatten, als Richard jung und frei war.

Eines Tages, als Blondel vor der Burg Dürnstein sang, hörte er zu seiner Freude von einem hohen Fenster den Refrain des Liedes widerhallen. Als England erfuhr, daß Richard lebte, jubelte das ganze Land und hoffte, daß er bald befreit werde.

Doch zunächst übergab Leopold seinen Gefangenen dem deutschen Kaiser Heinrich IV.; der steckte ihn in einen

him to an even gloomier prison in Lorraine, under the constant watch of armed guards.

Messages were sent to England demanding an enormous sum of money as ransom, which Richard's mother, the old Queen Eleanor, set about raising for his release. At last the ransom was paid, and Richard Lionheart returned to England where he went at once to Canterbury to give thanks for his deliverance.

While Richard had been away, his brother John had tried to take the throne. So when Richard returned, he had a second coronation at Winchester. Then he set out once again for France to try to win back the lands which his old enemy, Philip, had taken from him while he was imprisoned.

Richard succeeded in gaining back all the land in France which he had lost to Philip. He continued to fight with reckless courage, riding out in front of his army and often putting himself in danger.

One day, when Richard was attacking the castle of Chalus, and was without his coat of mail, an archer on the battlements shot an arrow which pierced Richard's neck and then embedded itself in his side. The wound festered and would not heal, and Richard realized that he was going to die. He sent for the archer who had shot the arrow and forgave him, ordering his servants to set the man free.

After his death, Richard's body was buried at Fontevrault Abbey in France, but his heart was encased in a golden casket and placed in the Cathedral of Rouen.

noch düstereren Kerker in Lothringen unter der ständigen Aufsicht bewaffneter Wächter.

Boten wurden nach England gesandt, die eine ungeheuer hohe Summe als Lösegeld verlangten. Richards Mutter, die alte Königin Eleonore, setzte alles daran, das Geld für seine Freilassung zu beschaffen. Schließlich wurde das Lösegeld entrichtet, und Richard Löwenherz kehrte nach England zurück, wo er sich gleich nach Canterbury begab, um für seine Befreiung Gott zu danken.

Als Richard fort war, hatte sein Bruder John versucht, den Thron einzunehmen. Darum wurde Richard nach seiner Rückkehr zum zweiten Mal in Winchester gekrönt. Dann zog er abermals nach Frankreich und versuchte die Gebiete zurückzugewinnen, die ihm sein alter Gegner Philipp weggenommen hatte, während er im Kerker lag.

Richard war erfolgreich und gewann alles Land in Frankreich, das er an Philipp verloren hatte, zurück. Er kämpfte wie früher mit verwegenem Mut, ritt an der Spitze seines Heeres und brachte sich oft selber in Gefahr.

Eines Tages, als Richard die Festung Chaluz angriff und keine Rüstung trug, schoß ein Bogenschütze von den Zinnen herab einen Pfeil, der seinen Hals durchbohrte und sich ihm in die Seite grub. Die Wunde eiterte und wollte nicht heilen, und Richard erkannte, daß er nun sterben mußte. Er sandte nach dem Bogenschützen, der den Pfeil abgeschossen hatte, und verzieh ihm und befahl seinen Dienern, ihm die Freiheit zu geben.

Nach Richards Tod kam sein Leichnam in die Abtei von Fontevrault in Frankreich zur letzten Ruhe, doch sein Herz wurde in ein goldenes Kästchen eingeschlossen und fand seinen Platz in der Kathedrale von Rouen.

# Robin Hood

Robin Hood

Long, long ago, green forests covered most of the country of England. In Sherwood Forest, near the town of Nottingham, there lived a band of men who wore Lincoln green. They were all wonderfully good shots with the bow and arrow, but the best of them all was their leader, Robin Hood. Robin had been born the Earl of Huntingdon, but his parents had died while he was young, and he had lost his money and his lands. So he took to the greenwood, and became an outlaw, killing the King's deer for food.

When Robin fled from his home he grieved most of all for Marian, the lady whom he had loved since childhood. They had planned to marry, but when he had left for Sherwood Forest, Marian had had to stay behind, sad and lonely.

At last, she decided that she would follow Robin to the forest. She dressed herself in boy's clothes, and looked like a page. Then she took a sword and bow and arrows, and set off alone to Sherwood.

Robin was also wandering through the forest. He was disguised as a beggar. He saw the young page practising with his bow, and asked: "Where are you going in my forest?"

"Your forest? It is the King's forest," said Marian. She drew her sword, and immediately, Robin drew his.

Vor langer Zeit war fast ganz England von grünen Wäldern bedeckt. Im Wald von Sherwood, nahe der Stadt Nottingham, lebte eine Schar von Männern, die jägergrüne Kleidung trugen. Sie waren alle vortreffliche Schützen mit Pfeil und Bogen, doch der beste von allen war ihr Anführer, Robin Hood. Robin war geboren als Graf von Huntingdon, aber seine Eltern waren schon in seiner Jugend gestorben, und er hatte sein Geld und sein Land verloren. Darum flüchtete er in die Wälder, wurde ein Geächteter und erlegte das Wild des Königs, um etwas zu essen zu haben.

Als Robin von Zuhause floh, grämte er sich am meisten wegen Marian, der jungen Dame, die er seit Kinderzeit geliebt hatte. Sie hatten heiraten wollen, aber als er in den Wald von Sherwood gegangen war, hatte Marian zurückbleiben müssen, traurig und einsam.

Marian beschloß Robin in den Wald zu folgen. Sie zog Jungenkleider an und sah nun aus wie ein Knappe. Dann nahm sie ein Schwert und Pfeil und Bogen und machte sich allein auf den Weg nach Sherwood.

Robin schweifte auch im Wald umher. Er war als Bettler verkleidet. Er sah den Knappen, der sich im Bogenschießen übte, und fragte: «Was treibst du da in meinem Wald?»

«Dein Wald? Es ist der Wald des Königs», sagte Marian. Sie zog ihr Schwert, und sogleich zog auch Robin das seine.

Then the page and the beggar fought fiercely though Robin did not use all his strength because his opponent was so young.

Marian's sword cut Robin's face and drew blood, and Robin wounded Marian's hand. When he saw this, he said: "Young man, for your age you are a good swordsman. Come and join my band and live free in the forest with Robin Hood."

When she heard this, Marian recognised the man she had come to find. "Don't you know me, Robin? I am Marian," she said.

Robin took her in his arms. "From now on, we shall fight side by side, and not face to face," he said.

That night the outlaws made a great feast, to celebrate the coming of Maid Marian to Sherwood Forest.

One day, Robin was out in the forest alone. He saw an immensely tall man on a narrow bridge across a stream.

"Let me pass," Robin said to the stranger.

"Why should I? You should give way to me," said the stranger.

"If you don't let me pass, I will shoot you with my bow and arrows," said Robin.

"That would not be fair. I have no bow and arrows, only my stout staff," said the stranger.

Robin quickly cut himself a staff from a nearby tree. Then he and the tall stranger began to fight on the narrow bridge. Sometimes one seemed to be winning, sometimes the other. At last the stranger hit Robin so hard that he fell into the stream and climbed out, dripping wet.

He blew a loud note on his hunting horn. At once his faithful band of men came leaping through the forest, ready to avenge his defeat.

But Robin said to his men: "No, don't attack

Dann kämpften der Knappe und der Bettler wütend miteinander; aber Robin setzte nicht seine ganze Kraft ein, weil sein Gegner so jung war.

Marians Schwert ritzte Robin im Gesicht, so daß es blutete, und Robin verletzte Marian an der Hand. Als er das sah, sagte er: «Junger Mann, für dein Alter bist du ein guter Schwertkämpfer. Komm, schließ dich meiner Schar an und führe ein freies Leben im Wald mit Robin Hood.»

Als Marian das hörte, erkannte sie den Mann, nach dem sie auf der Suche war. «Erkennst du mich nicht, Robin? Ich bin Marian», sagte sie.

Robin nahm sie in die Arme. «Von jetzt an werden wir nebeneinander kämpfen, nicht gegeneinander», sagte er.

In dieser Nacht feierten die Geächteten ein großes Fest, um das Eintreffen des Mädchens Marian im Wald von Sherwood zu feiern.

Eines Tages war Robin allein draußen im Wald. Er sah einen ungeheuerlichen großen Mann auf einer schmalen Brücke über einem Fluß.

«Laß mich vorbei!» sagte Robin zu dem Fremden.

«Warum sollte ich? Du solltest mir ausweichen!» sagte der Fremde.

«Wenn du mich nicht vorbeiläßt, werde ich mit Pfeil und Bogen auf dich schießen», sagte Robin.

«Das wäre nicht anständig. Ich habe nicht Pfeil und Bogen, nur meinen kräftigen Knüppel», sagte der Fremde.

Robin schnitt sich rasch selber einen Knüppel von einem nahen Baum. Dann begannen er und der große Fremde auf der schmalen Brücke zu kämpfen. Bald schien der eine zu gewinnen, bald der andere. Schließlich traf der Fremde Robin so schwer, daß er in den Fluß fiel und tropfnaß wieder herauskletterte.

Er blies auf seinem Jagdhorn einen lauten Ton. Sofort kam die getreue Schar seiner Männer durch den Wald gesprungen; sie wollten seine Niederlage rächen.

Aber Robin sagte zu seinen Männern: «Nein, greift

him. It was a fair fight. This tall man should join our band."

To the stranger, he said: "What is your name?"

The stranger said: "I am called John Little."

"You're much too tall a fellow to be called that," said Robin, and his men laughed and said: "You shall be called Little John."

One of Robin's men was a fat friar. This is how he and Robin first met.

Robin was riding through the forest, when he saw a fat man sitting on the bank of a river.

Robin said to the man: "Carry me over the river, or you shall pay well for refusing."

Without a word the fat man motioned Robin to climb on his back and he carried him across the river, to the further bank. Then he said: "Now it is your turn to carry me back."

Robin agreed. He carried the fat man over the river. The man was very heavy and Robin was out of breath when he reached the bank. He gasped out: "Now ... you ... will ... carry ... me ... back again."

The fat man hoisted Robin on his back, and waded into the river. But when he reached the middle, he said to Robin: "Now you can swim!" and threw him off into the water.

Robin was angry. He came back to the bank, picked up his bow and arrows and said: "Look out for yourself, fat man!"

But Robin's arrows could not pierce the man's steel buckler.

So they fought with swords for a long time. At last, Robin saw that he was going to be beaten. He said, "Grant me a favour. Let me blow my horn for the last time."

"You may do that," said the fat man.

ihn nicht an! Es war ein ehrlicher Kampf. Dieser große Mann sollte sich unserer Schar anschließen.»

Zu dem Fremden sagte er: «Wie heißt du?»

Der Fremde sagte: «Man nennt mich John Little.»

«Du bist ein viel zu großer Kerl, um so zu heißen», sagte Robin, und seine Männer lachten und sagten: «Du sollst Little John heißen.»

Einer von Robins Männern war ein dicker Mönch. Er und Robin lernten sich folgendermaßen kennen:

Robin ritt durch den Wald und sah am Ufer eines Flusses einen dicken Mann sitzen.

Robin sagte zu dem Mann: «Trag mich über den Fluß oder deine Weigerung kommt dich teuer zu stehen.»

Wortlos bedeutete der dicke Mann Robin, auf seinen Rücken zu steigen, und trug ihn durch den Fluß ans andere Ufer. Dann sagte er: «Jetzt ist die Reihe an dir, mich zurückzutragen.»

Robin war einverstanden. Er trug den dicken Mann durch den Fluß. Der Mann war sehr schwer, und Robin war außer Atem, als er das Ufer erreichte. Er keuchte: «Aber – jetzt – wirst – du – mich – wieder – zurücktragen.»

Der dicke Mann lud sich Robin auf den Rücken und watete in den Fluß. Doch als er in der Mitte angekommen war, sagte er zu Robin: «Jetzt kannst du schwimmen!» und ließ ihn ins Wasser fallen.

Robin war verärgert. Er kehrte ans Ufer zurück, hob seinen Bogen und die Pfeile auf und sagte: «Jetzt mach dich auf etwas gefaßt, dicker Mann!»

Doch Robins Pfeile konnten den Stahlschild des Mannes nicht durchbohren.

Also kämpften sie lange Zeit mit Schwertern. Schließlich merkte Robin, daß er nahe daran war, geschlagen zu werden. Er sagte: «Gewähre mir eine Gunst. Laß mich ein letztes Mal in mein Horn blasen.»

«Das darfst du», sagte der dicke Mann.

Robin blew his horn and, at once, fifty of his men came running up and took aim at the fat man.

"Whose men are these?" the fat man asked.

"They are my men," Robin said.

"Grant me one last wish, as I granted yours," said the man, and he put two fingers to his lips and whistled three times.

Immediately fifty hunting dogs came bounding through the trees and growled at the sight of Robin's men with their bows and arrows.

"I see that we had better be friends. Tell me, what are you doing here in Sherwood Forest?" said Robin.

"My name is Friar Tuck. I have come to look for Robin Hood and to join his company," said the fat man.

So Friar Tuck joined Robin's band.

One crisp cold day in winter, Robin Hood and Little John were out in the forest, when they saw a man wearing the dried skin of a horse as a cloak, which seemed to the two outlaws very strange.

"I'll go and find out what this stranger is doing here," said Little John.

"No. I'm the leader. I should go forward first," said Robin.

They quarrelled over this so hotly, that Little John went off to Barnsdale, while Robin remained in Sherwood.

Little John had just reached the town, when he saw another of Robin Hood's men, Will Scarlett, running out.

"I've come here just in time," he thought, and he
78 shot an arrow at the crowd pursuing Will.
79 The arrow killed the man in front, but as it went,

Robin blies in sein Horn, und sogleich kamen fünfzig von seinen Männern herbeigelaufen und zielten auf den dicken Mann.

«Wessen Männer sind das?» fragte der dicke Mann.

«Meine», sagte Robin.

«Gewähre mir einen letzten Wunsch, so wie ich dir einen gewährte», sagte der Mann; und er nahm zwei Finger an die Lippen und pfiff dreimal.

Augenblicklich kamen fünfzig Jagdhunde durch die Bäume herangesprungen und knurrten beim Anblick von Robins Männern, die mit Pfeil und Bogen bewaffnet waren.

«Ich sehe, daß es besser wäre, wir wären Freunde. Sag, was treibst du hier im Wald von Sherwood?» fragte Robin.

«Ich heiße Bruder Tuck. Ich bin auf der Suche nach Robin Hood, um mich seiner Gesellschaft anzuschließen», sagte der dicke Mann.

So schloß Bruder Tuck sich Robins Schar an.

An einem klirrend kalten Tag im Winter waren Robin Hood und Little John draußen im Wald, als sie einen Mann sahen, der eine getrocknete Pferdehaut als Mantel trug, was den beiden Geächteten sehr seltsam vorkam.

«Ich gehe mal und erkundige mich, was dieser Fremde hier will», sagte Little John.

«Nein. Ich bin der Anführer. Ich sollte als erster hingehen», sagte Robin.

Darüber gerieten sie so heftig in Streit, daß Little John nach Barnsdale fortging, während Robin in Sherwood blieb.

Little John hatte gerade die Stadt erreicht, als er Will Scarlett, einen anderen von Robin Hoods Männern, herausrennen sah.

«Da bin ich gerade rechtzeitig gekommen», dachte er und schoß einen Pfeil in die Menge, die Will verfolgte.

Der Pfeil tötete den vordersten Mann, aber als er ab-

the bow itself broke and left Little John without a weapon.

Will Scarlett escaped, but the Sheriff's men took hold of Little John, and bound him to a tree. "You shall be hanged here this very day," said the Sheriff.

Back in the forest, Robin Hood asked the stranger: "What are you looking for in Sherwood Forest?"

"I have been sent by the King to punish the outlaw Robin Hood, for stealing the King's deer. When I have caught him, I shall blow on my silver bugle and the Sheriff will know of my success," the man said.

"I will take you to where you can find him," said Robin. "But first let us have a shooting competition."

He peeled two willow wands and set them upright in the ground. Then he took his place a hundred metres off and said: "Now, come and try your skill against mine."

At his first shot, Robin missed his wand by a hairsbreadth. The stranger's first arrow went near, but not so near. At the second shot, the stranger's arrow grazed the leaf at the top of his wand, but Robin's second arrow split his wand into two.

"You shoot wonderfully well. Tell me your name," the stranger said.

"Tell me yours first," said Robin.

"I am Sir Guy of Gisborne, a true knight of the King's court."

"And I am Robin Hood."

When he heard this, Sir Guy drew his sword. Without waiting until Robin was ready, he wounded him, and threw him down. But Robin leapt up again and fought on, and at last he drove his sword
80 through Sir Guy's body, so that the knight fell dead.
81 Robin changed clothes with the body and cov-

schnellte, barst der Bogen und ließ Little John ohne eine Waffe.

Will Scarlett entkam, doch die Männer des Sheriffs ergriffen Little John und banden ihn an einen Baum. «Du wirst hier noch heute gehängt», sagte der Sheriff.

Draußen im Wald fragte Robin Hood den Fremden: «Was sucht Ihr hier im Wald von Sherwood?»

«Ich bin vom König gesandt, um den Geächteten Robin Hood zu strafen, weil er das Wild des Königs stiehlt. Wenn ich ihn gefangen habe, blase ich in mein silbernes Horn; dann hört der Sheriff, daß ich Erfolg hatte», sagte der Mann.

«Ich werde Euch dorthin bringen, wo Ihr ihn finden könnt», sagte Robin. «Aber erst einmal laßt uns um die Wette schießen.»

Er schälte zwei Weidengerten und steckte sie senkrecht in die Erde. Dann nahm er hundert Meter entfernt Aufstellung und sagte: «Nun kommt und laßt uns unsere Geschicklichkeit gegeneinander erproben.»

Mit dem ersten Schuß verfehlte Robin seine Gerte um Haaresbreite. Der erste Pfeil des Fremden kam dicht heran, doch nicht ganz so dicht. Beim zweiten Schuß streifte der Pfeil des Fremden das Blatt an der Spitze seiner Gerte, doch Robins zweiter Pfeil spaltete die seine in zwei Teile.

«Ihr schießt bewundernswert gut. Nennt mir Euren Namen», sagte der Fremde.

«Nennt mir zuerst den Euren», sagte Robin.

«Ich bin Sir Guy of Gisborne, ein getreuer Ritter am Hof des Königs.»

«Und ich bin Robin Hood.»

Als Sir Guy dies vernahm, zog er sein Schwert. Ohne abzuwarten bis Robin Hood bereit war, verwundete er ihn und warf ihn nieder. Doch Robin sprang wieder auf und kämpfte weiter, und schließlich stieß er sein Schwert Sir Guy durch den Leib, so daß der Ritter tot umfiel.

Robin tauschte seine Kleider mit denen des Toten und

ered it with his own green cloak. Then he blew a single loud blast on the silver bugle. He took Sir Guy's bow and arrows with his own, wrapped himself in the horse-hide cloak and set off for Barnsdale.

In Barnsdale, the Sheriff was ready to see Little John hanged. But when he heard the sound of the silver bugle, he stopped the execution. "That means that Sir Guy has caught Robin Hood. When he gets here, we will have a double hanging, master and man together," he said.

When Robin Hood reached Barnsdale, the Sheriff thought that this was Sir Guy. "Welcome, Sir Guy. What have you done with that rascal, Robin Hood?" he said.

"A body with a sword thrust through it lies in the forest, covered with Robin Hood's own cloak of Lincoln green," said the pretending Sir Guy. Then he said: "As my reward, let me ask a favour. Allow me to hang his servant who is bound there about to be hung."

Robin stepped up to the tree where Little John stood. He took out his dagger and cut his cords, then handed him Sir Guy's bow and arrows, and Robin and Little John together shot at their enemies till they had all fled. Then they returned in safety to Sherwood Forest to celebrate their victory.

bedeckte ihn mit seinem eigenen grünen Umhang. Dann blies er auf dem silbernen Horn einen einzigen lauten Ton. Zu seinem Bogen und seinen Pfeilen hinzu nahm er auch die von Sir Guy, hängte sich den Umhang aus Pferdehaut über und machte sich auf den Weg nach Barnsdale.

In Barnsdale wartete der Sheriff auf Little Johns Hinrichtung. Doch als er den Ton des silbernen Horns vernahm, ließ er von der Vollstreckung ab. «Das bedeutet, daß Sir Guy Robin Hood gefangen hat. Wenn er hier eintrifft, werden wir ein doppeltes Henken erleben, Anführer und Gefolgsmann gemeinsam», sagte er.

Als Robin Hood nach Barnsdale kam, dachte der Sheriff, daß es Sir Guy sei. «Willkommen, Sir Guy. Was habt Ihr mit diesem Schurken Robin Hood gemacht?» fragte er.

«Ein Leichnam, von einem Schwert durchstoßen, liegt im Wald; er ist mit Robin Hoods jägergrünen Umhang bedeckt», sagte der vermeintliche Sir Guy. Dann sagte er: «Laßt mich, als Lohn, eine Gunst erbitten: Erlaubt mir, seinen Diener zu hängen, der dort zu diesem Zweck gebunden steht.»

Robin ging zu dem Baum, an dem Little John stand. Er zog seinen Dolch und durchtrennte seine Fesseln. Dann gab er ihm Sir Guys Bogen und Pfeile, und Robin und Little John schossen gemeinsam auf ihre Feinde, bis sie alle die Flucht ergriffen. Dann kehrten sie ungefährdet in den Wald von Sherwood zurück, um den Sieg zu feiern.

# Dick Whittington

Dick Whittington

Dick Whittington was the son of a landed gentleman who lived in the Shire of Glo'ster. Dick was only the third son, and when his father died, he was left very poor. All he had of his own was a cat. People told him that if he went to London, he would be able to make his fortune.

At first Dick did not know how he could get to London. But one day he saw a wagon drawn by eight horses, passing along the high road. It was going to London.

"May I go with you?" Dick asked the wagoner.

"You may. But you will have to walk. There is no room in my wagon for another pair of breeches," the driver said.

So Dick walked beside the wagon and the horses all the long road to London, where he had heard that the streets were paved with gold.

At last they reached Highgate Village to the north of the city. "Here we must say goodbye," the wagoner said. "You walk down that hill, and you will soon be in the city."

Dick stood on Highgate Hill and he looked down at all the houses clustered round tall churches and green parks and along the broad River Thames. He thought: "There must be so many people down there, all trying to make their fortunes, what chance have I? I might as well go home again. Come on, Cat. Back to the country."

Dick Whittington war der Sohn eines Grundeigentümers, der in der Grafschaft Gloucester lebte. Dick war aber nur der dritte Sohn, und als sein Vater starb, hinterblieb er sehr arm. Alles, was er besaß, war eine Katze. Die Leute sagten zu ihm: wenn er nach London ginge, könne er sein Glück machen.

Erst wußte Dick gar nicht, wie er nach London gelangen konnte. Doch eines Tages sah er ein Fuhrwerk, das von acht Pferden gezogen wurde, auf der Landstraße fahren. Es war auf dem Weg nach London.

«Kann ich mit Euch kommen?» fragte Dick den Fuhrmann.

«Ja. Aber du mußt laufen. In meinem Wagen ist kein Platz für noch ein Paar Hosen», sagte der Kutscher.

So ging Dick den ganzen langen Weg nach London neben dem Fuhrwerk und den Pferden her, wo, wie er gehört hatte, die Straßen mit Gold gepflastert waren.

Schließlich erreichten sie das Dorf Highgate im Norden der Stadt. «Hier müssen wir uns verabschieden», sagte der Fuhrmann. «Du gehst den Hügel hier hinab und bist gleich in der Stadt.»

Dick stand auf dem Hügel von Highgate und sah auf all die Häuser hinunter, die um hohe Kirchen und grüne Parks und entlang der breiten Themse gruppiert waren. Er dachte: «Es muß dort unten sehr viele Menschen geben, die alle ihr Glück zu machen versuchen – was habe ich da für eine Aussicht? Ich kann ebenso gut wieder heimgehen. Komm, Katze! Zurück aufs Land!»

He had picked up his luggage and turned his back on London, when all the church bells of the city below him began to ring. Dick stopped to listen, and it seemed to him that the bells of St Mary-atte-Bowe were calling to him.

Turn again Whittington,
Thou worthy citizen,
Lord Mayor of London!

"Lord Mayor! That wouldn't be so bad!" Dick thought, and he turned as the bells told him, and went on his way down the hill into London city.

When he was down among the houses and churches, Dick looked around for the streets of gold. But all he saw were cobbles and mud and dirt and crowds of people, too busy to notice him. He tried to speak to one or two people to ask where he might find somewhere to sleep, something to eat, any work he could do. But everyone was in too much of a hurry to listen.

At last, after several days, Dick was very hungry and very cold and without a home. He found a corner on the steps of a great house in the city, and there he lay himself down to sleep – or to die.

In the morning he woke, still colder, and still hungrier. At that moment, the door at the top of the steps opened and he saw a woman come out of the house, with her hands full of kitchen scraps. She threw them out to the fowls in the yard. When she saw Dick, half asleep on the steps below, she began to scold.

"What are you doing there, you lazy good-for-nothing? Get away with you, or I shall call the master."

Just then, her master, Mr Fitzwarren, a rich merchant, appeared at the door. He said: "Hold your

Er hatte sein Bündel aufgehoben und London den Rücken zugekehrt, als alle Kirchenglocken der Stadt unter ihm zu läuten begannen. Dick hielt inne um zu lauschen, und es war ihm, als ob ihn die Glocken von Sankt Mary-le-Bow riefen:

Dreh wieder um, Whittington,
du würdiger Bürger,
Oberbürgermeister von London.

«Oberbürgermeister! Das wäre nicht übel!» dachte Dick, drehte wieder um, wie die Glocken ihn hießen, und machte sich auf den Weg den Hügel hinab in die Stadt London.

Als er drunten zwischen den Häusern und Kirchen war, suchte Dick nach den Straßen aus Gold. Doch alles, was er sah, war Kopfsteinpflaster und Morast und Schmutz und Massen von Menschen, die zu beschäftigt waren, um auf ihn zu achten. Er versuchte ein oder zwei Leute anzusprechen, um sie zu fragen, wo er einen Schlafplatz fände, und etwas zu essen, und eine Arbeit, die er tun könnte. Doch alle waren in viel zu großer Eile, um ihm zuzuhören.

Schließlich, nach mehreren Tagen, war Dick sehr hungrig und fror und hatte kein Zuhause. Er fand eine Ecke auf den Stufen eines großen Hauses in der Stadt; dort legte er sich hin, um zu schlafen – oder zu sterben.

Am Morgen erwachte Dick und war noch verfrorener und noch hungriger. Da öffnete sich gerade die Tür oben an der Treppe, und er sah eine Frau aus dem Haus kommen, die die Hände voller Küchenabfälle hatte.

Sie warf sie hinaus für das Federvieh im Hof. Als sie Dick halb schlafend unten auf den Stufen sah, begann sie zu schelten:

«Was machst du denn da, du fauler Taugenichts? Pack dich und verschwinde hier, sonst rufe ich den Herrn!»

In diesem Augenblick erschien ihr Herr in der Tür, Mr Fitzwarren, ein reicher Kaufmann. Er sagte: «Halt den

noise, woman. Let me hear what this young man has to say for himself."

Then Dick said: "Sir, I am newly come from the country. I had hoped to find work here in the city and to have earned my own bread. But no one stops to listen when I speak."

Mr Fitzwarren was sorry for the boy. He told the cook to give him as much food as he could hold and then to find work for him to do in the kitchens. "If he is honest and works hard, he shall not be left to die in the street," he said.

So Dick found a home in the great city of London. He worked hard, and he had food enough.

When he first slept in his attic room, he thought he would be kept awake all night by the squeakings and scamperings of the rats and mice who shared the room with him. But it took his cat only a day and a night to get rid of them all.

"What luck," Dick thought, "that my share of my poor father's fortune was my cat! I wonder if I shall be as lucky in time to come?"

He thought that perhaps he might; for his master Mr Fitzwarren was kind to him, and he knew that Miss Alice, Mr Fitzwarren's daughter, liked him too.

One day Mr Fitzwarren called all his servants into his room. He told them that one of his ships was soon going to sail to Africa to trade with the people there. He asked each man and woman whether they wanted to send anything in the ship in the hope of selling it there for a good price, or if they liked, they could entrust the captain with money to buy
88 goods in Africa which would sell well in England.
89 Each of the servants had something to send with

Mund, Frau! Laß mich hören, was der junge Mann selber zu sagen hat.»

Da sagte Dick: «Herr, ich bin kürzlich vom Land gekommen. Ich hatte gehofft, hier in der Stadt Arbeit zu finden und mir mein Brot zu verdienen. Doch niemand bleibt stehen, um mir zuzuhören, wenn ich rede.»

Dem Herrn tat der Junge leid. Er befahl der Köchin, ihm so viel zu essen zu geben, wie er nur schaffen könnte und ihm dann Arbeit in den Küchen zuzuweisen. «Wenn er ehrlich ist und hart arbeitet, soll er nicht im Stich gelassen werden und auf der Straße umkommen.»

So fand Dick ein Zuhause in der großen Stadt London. Er arbeitete fleißig und hatte genug zu essen.

Als er zum ersten Mal in seiner Dachstube schlief, meinte er, daß er die ganze Nacht wach gehalten würde vom Pfeifen und Trappeln der Ratten und Mäuse, die mit ihm das Zimmer teilten. Doch seine Katze brauchte nur einen Tag und eine Nacht, um sie alle aus dem Weg zu schaffen.

«Was für ein Glück», dachte Dick, «daß mein Anteil am Erbe meines armen Vaters die Katze war! Ob ich wohl auch in Zukunft so viel Glück haben werde?»

Er hatte das Gefühl, daß es vielleicht so sein werde, denn sein Herr, Mr Fitzwarren, war freundlich zu ihm, und er wußte, daß Miss Alice, Mr Fitzwarrens Tochter, ihn auch mochte.

Eines Tages rief Mr Fitzwarren alle seine Bediensteten in sein Zimmer. Er sagte ihnen, daß eines seiner Schiffe bald nach Afrika segeln werde, um mit den Menschen dort Handel zu treiben. Er fragte jeden Mann und jede Frau, ob sie dem Schiff irgendetwas mitgeben wollten, in der Hoffnung, es dort für einen guten Preis zu verkaufen; oder, wenn sie mochten, könnten sie dem Kapitän Geld anvertrauen, damit er Waren in Afrika erwerbe, die sich in England gut verkaufen ließen.

Jeder von den Bediensteten hatte etwas, das er auf dem

the ship, except for Dick, who had nothing. Alice offered to lend him money, but this he refused. At last, very sadly, he offered to send his cat, though he could not imagine how she would bring him back any return.

After she had left London, the merchant ship sailed for days and weeks till she reached the Barbary coast of North Africa. There the captain began to trade, selling the goods he had brought from England, and buying spices and silk and jewels to take back again.

The King of the country sent for the captain to show what he had to sell. When the captain arrived at the palace, he found the King and Queen trying to eat a splendid meal. But the tables and floors were covered with rats and mice, who leapt boldly on to the King's own plate and carried off the choicest morsels of food.

The captain was astonished. "Your Majesty, why do you allow these vermin to plague you so?" he asked.

"Alas! We have no way of getting rid of them," the King replied.

"Allow me to send to my ship and I will show you a creature who can help you," the captain said.

Sure enough, no sooner had the cat been brought into the palace, than she leapt on one rat after another, killed a hundred mice, and in no time at all, had cleared every room, so that there was not one of the beasts left.

The King was overjoyed. He declared that no matter what the price, he must have the cat for his own. He ordered his servants to bring in chests full of precious stones, jewellery and gold coins to pay for this rare and precious creature.

The captain, knowing how poor Dick was, agreed

Schiff mitschicken konnte, außer Dick, der nichts besaß. Alice war bereit, ihm Geld zu leihen, doch das lehnte er ab. Schließlich bot er an, sehr traurig, seine Katze mitzugeben, obwohl er sich nicht vorstellen konnte, wie sie ihm irgendeinen Erlös eintragen würde.

Nachdem das Handelsschiff London verlassen hatte, segelte es tage- und wochenlang, bis es die Berberküste von Nordafrika erreichte. Dort begann der Kapitän, Handel zu treiben; er verkaufte die Waren, die er aus England mitgebracht hatte, und kaufte Gewürze, Seide und Juwelen, um sie mit heimzunehmen.

Der König des Landes sandte nach dem Kapitän, er möge zeigen, was er zu verkaufen habe. Als der Kapitän in den Palast kam, sah er, wie der König und die Königin versuchten, ein köstliches Mahl zu sich zu nehmen. Doch die Tische und Fußböden waren mit Ratten und Mäusen bedeckt, die dreist auf den Teller des Königs sprangen und die erlesensten Leckerbissen wegholten.

Der Kapitän wunderte sich. «Euer Majestät, warum laßt Ihr zu, daß dieses Ungeziefer Euch so belästigt?» fragte er.

«Ach! Wir wissen nicht, wie wir es loswerden können», erwiderte der König.

«Erlaubt mir, jemanden nach meinem Schiff zu schikken; ich will Euch ein Tier zeigen, das Euch helfen kann», sagte der Kapitän.

Und wirklich, kaum war die Katze in den Palast gebracht worden, da sprang sie auf eine Ratte nach der anderen los, tötete hundert Mäuse und hatte im Nu jedes Gemach gesäubert, so daß nicht eines dieser Tiere übrigblieb.

Der König war hocherfreut. Er erklärte, daß die Katze sein eigen werden müsse, ganz gleich, was sie koste. Er befahl seinen Dienern, Truhen voll kostbarer Steine, Juwelen und Goldmünzen zu bringen, um für dieses seltene und kostbare Tier zu zahlen.

Der Kapitän, der wußte, wie arm Dick war, willigte ein,

to sell the cat for this great treasure. The chests were loaded on to the ship, the King kept the cat, and the captain sailed joyfully back to London.

When the captain returned to Mr Fitzwarren's house, he told him the story of the cat, and showed him the treasures which the King had sent back for Dick. Mr Fitzwarren was delighted to hear of the boy's good fortune. He sent a servant to fetch Dick and said: "From now on he is to be called *Mr* Whittington."

When Dick came in, Mr Fitzwarren told him that he was now richer than his master. "I will help you, my boy, to make the most of your wealth. We shall soon see you as good a gentleman as any man in the land," he said.

Dick Whittington did indeed become a gentleman and a successful merchant. In time he married Alice Fitzwarren, who had always liked him when he was still a poor working boy. He had his own house, kept a stable of fine horses, and was Lord Mayor of London, as the Bowe Bells had foretold, not once but three times.

Dick was knighted Sir Richard Whittington, and was rich and grand enough to lend money to the King of England, and to entertain him and his Queen to a magnificent banquet.

And there is still a stone on Highgate Hill to mark the spot where young Dick turned back from his journey to listen to the promise of Bowe Bells.

die Katze für diesen großen Schatz zu verkaufen. Die Truhen wurden aufs Schiff geladen, der König behielt die Katze, und der Kapitän segelte froh zurück nach London.

Als der Kapitän in Mr Fitzwarrens Haus zurückkehrte, erzählte er ihm die Geschichte mit der Katze und zeigte ihm die Schätze, die der König für Dick mitgeschickt hatte. Mr Fitzwarren war hocherfreut, vom großen Glück des Jungen zu erfahren. Er trug einem Diener auf, Dick zu holen und sagte: «Von nun an soll er Mr Whittington genannt werden.»

Als Dick hereinkam, teilte ihm Mr Fitzwarren mit, daß er jetzt reicher sei als sein Herr. «Ich will dir helfen, mein Junge, aus deinem Reichtum das beste zu machen. Wir werden bald erleben, daß du ein genauso vornehmer Herr bist wie irgendeiner im Land», sagte er.

Dick wurde tatsächlich ein vornehmer Herr und erfolgreicher Kaufmann. Nach einiger Zeit heiratete er Alice Fitzwarren, die ihn schon gemocht hatte, als er noch ein armer Dienstbursche war. Er besaß ein Haus, unterhielt einen Stall mit schönen Pferden und wurde Oberbürgermeister von London, wie die Bow-Glocken vorhergesagt hatten – und das nicht nur einmal, sondern dreimal.

Dick wurde zum Ritter geschlagen als Sir Richard Whittington, und er war reich und vornehm genug, um dem König von England Geld zu leihen und ihn und die Königin zu einem erlesenen Festessen bei sich zu Gast zu haben.

Auf dem Highgate Hügel gibt es noch einen Stein, der die Stelle anzeigt, wo sich der junge Dick auf seinem Weg umwandte und die Verheißung der Bow-Glocken hörte.

# Chanticleer

Chanticleer

One spring evening five hundred years ago a large group of travellers met at the Tabard inn, near London, on their way to Canterbury. They were pilgrims, going there to visit the grave of a holy man. To help pass the time on their journey they agreed to take turns at telling stories. The innkeeper would travel with them to judge whose tale was best and the prize would be a free dinner.

Amongst the travellers was a wise and kindly priest and when it came to his turn, this is the tale he told.

Once, long ago, there was a poor old widow who lived in a small cottage in a valley beside a clump of trees. With her two daughters she lived a quiet life for she had not much money or land, just enough to keep three pigs, three cows and a sheep called Molly. The widow could not afford rich food, so she was never ill from overeating. She had milk and brown bread, bacon, and sometimes an egg or two which her own hens laid.

Outside her cottage was a yard surrounded by a fence and a ditch, and there she kept a cock called Chanticleer. No other cock could equal his crowing. His voice was sweeter than the church organ and he told the time better than any clock. He knew by instinct how the minutes passed and crew at every hour.

Vor fünfhundert Jahren traf sich an einem Frühlingsabend eine große Gruppe von Reisenden im Gasthof Tabard bei London, auf dem Weg nach Canterbury. Es waren Pilger; sie zogen dorthin, um das Grab eines Heiligen zu besuchen. Zum Zeitvertreib unterwegs kamen sie überein, sich reihum Geschichten zu erzählen. Der Gastwirt sollte mit ihnen reisen und entscheiden, wessen Geschichte die beste sei; der Preis sollte eine kostenlose Mahlzeit sein.

Unter den Reisenden befand sich ein kluger und freundlicher Priester. Als er an die Reihe kam, erzählte er die folgende Geschichte:

Vor langer Zeit lebte eine arme alte Witwe, die wohnte in einem Häuschen in einem Tal nahe einem Gehölz. Sie führte mit ihren beiden Töchtern ein zurückgezogenes Leben, denn sie besaß nicht viel Geld und nicht viel Land, nur eben genug, um sich drei Schweine, drei Kühe und ein Schaf namens Molly zu halten. Sie konnte sich keine kräftigen Speisen leisten, darum wurde sie nie von zu viel Essen krank. Sie hatte Milch und dunkles Brot, Speck und manchmal ein oder zwei Eier, die ihre Hühner legten.

Vor ihrem Häuschen lag ein Hof, der von einem Zaun und einem Graben umgeben war. Dort hielt sie einen Hahn, der hieß Chanticleer. Kein anderer Hahn konnte es mit seinem Krähen aufnehmen. Seine Stimme war wohlklingender als die Kirchenorgel, und er gab die Zeit genauer an als jede Uhr. Er wußte von Natur, wie die Minuten vergingen, und krähte zu jeder vollen Stunde.

This fine cock had seven pretty hens to keep him company. The loveliest of all was Pertelote. She was so smart and friendly and had such dainty manners that Chanticleer had loved her since she was one week old.

Early one morning Chanticleer sat among the hens next to Pertelote on the rafters in the kitchen. He started to moan as though he was having a bad dream.

Pertelote was terrified and cried: "Whatever is the matter, my love? Why are you moaning?"

"Don't be afraid," said Chanticleer, "but I've had such a terrible dream that my heart is still thudding. I pray to God to keep us all safe, for this dream is a warning. This is what I dreamt. As I was roaming up and down in our yard I saw a creature like a dog which would have pounced on me and killed me! His coat was yellowish red with black-tipped ears and tail, he had a small snout and glowing eyes ... I still feel almost dead with fright!"

"Afraid?" cried Pertelote. "You should be ashamed of yourself! Do you except me to love a coward? Are you scared of a dream when everyone knows from the wisest teachers that dreams are all nonsense? I'll tell you the cause of your dream – it's overeating! I will soon cure you. You must eat nothing but worms for a couple of days then take my medicine for an upset stomach. Now cheer up, and don't be afraid of a silly old dream!"

"You say," replied Chanticleer, "that the wisest teachers tell us that dreams are nonsense. But I have read many books which disagree. Let me tell you just one story I have read.

In this story there were two men who wanted to cross the sea to a far country. The night before they planned to sail, one of them dreamt that a man

Dieser vortreffliche Hahn hatte sieben hübsche Hennen, die ihm Gesellschaft leisteten. Die reizendste von allen war Pertelote. Sie war so anmutig und freundlich und betrug sich so vornehm, daß Chanticleer sie liebte, seit sie eine Woche alt war.

Eines frühen Morgens saß Chanticleer zwischen den Hennen neben Pertelote im Gebälk der Küche. Er begann zu wehklagen, wie wenn er einen bösen Traum hätte.

Pertelote entsetzte sich und rief: «Was ist denn los, mein Liebster? Warum stöhnst du?»

«Hab keine Angst», sagte Chanticleer, «ich habe nur einen so schrecklichen Traum gehabt, daß mein Herz immer noch bumpert. Ich bete zu Gott, er möge uns alle bewahren, denn dieser Traum ist eine Warnung. Ich habe folgendes geträumt: Als ich in unserem Hof hin- und herspazierte, sah ich ein Wesen wie einen Hund, das wollte über mich herfallen und mich töten. Sein Fell war gelblichrot, die Ohrspitzen und die Schwanzspitze waren schwarz. Es hatte eine kleine Schnauze und glühende Augen ... Ich bin immer noch halbtot vor Schrecken.»

«Du hast Angst?» rief Pertelote. «Du solltest dich schämen! Meinst du, ich liebe einen Feigling? Macht dir ein Traum Angst, wo doch jeder von den klügsten Lehrern gelernt hat, daß Träume barer Unsinn sind? Ich sage dir den Grund für deinen Traum: du hast dich überfressen. Ich will dich schnell kurieren. Du darfst ein paar Tage nichts als Würmer essen; danach bekommst du meine Medizin gegen verdorbenen Magen. Jetzt sei guten Mutes und fürchte dich nicht vor einem dummen alten Traum.»

«Du sagst», erwiderte Chanticleer, «die klügsten Lehrer belehren uns, daß Träume Unsinn sind. Ich habe viele Bücher gelesen, die dem widersprechen. Ich will dir eben mal eine Geschichte erzählen, die ich gelesen habe.

Die Geschichte handelte von zwei Männern, die übers Meer zu einem fernen Land fahren wollten. In der Nacht vor der geplanten Abfahrt träumte der eine, daß ein Mann

stood by his bed and told him that if he sailed next day he would surely be drowned. When day came he begged his friend not to sail for fear that the dream would come true. His friend jeered at him, and said that he would still go. Before he was half-way across the sea there was an accident, and ship and man sank together.

So you see, dear Pertelote," Chanticleer went on, "that no one should ignore warnings in dreams. And please don't mention medicine – you know I hate the stuff!

Now let's drop the subject, for when I see your lovely face and the red rings round your eyes, I forget all about dreams."

With this, Chanticleer flew down from the rafters for day had now come. All his hens followed him. He clucked to show them a grain of corn lying in the yard. He looked like a royal prince strutting proudly up and down, or like a fierce lion with his toes scarcely touching the ground. He found another grain of corn and when he clucked all the hens came running up.

Chanticleer looked up at the sun and knew that it was nine o'clock. He crowed cheerfully and said to Pertelote: "What a lovely day it is. Listen to the birds and look at all the lovely flowers. I feel very happy today."

But he was not to be happy for long. During the night a wicked, sly fox, who for three years had lived nearby in the clump of trees, had broken through the fence into Chanticleer's yard. The fox lay crouching in a bed of cabbages until midday waiting for a chance to pounce on Chanticleer.

Pertelote was enjoying a dustbath in the sand
98 while all the other hens sunned themselves nearby.
99 Chanticleer was singing away gaily when his eye

neben seinem Bett stand und zu ihm sagte: wenn er am nächsten Tag absegelte, würde er bestimmt ertrinken. Als der Tag anbrach, bat er seinen Freund, nicht zu segeln, aus Angst, daß der Traum sich bewahrheitete. Sein Freund machte sich über ihn lustig und sagte, er werde trotzdem aufbrechen. Noch bevor er halb übers Meer war, geschah ein Unglück, das Schiff sank, und mit ihm der Mann.

Du siehst, liebe Pertelote», fuhr Chanticleer fort, «daß niemand geträumte Warnungen unbeachtet lassen soll. Und bitte rede nicht von Medizin – du weißt, ich hasse das Zeug! Wir wollen jetzt das Thema fallen lassen, denn wenn ich dein reizendes Antlitz sehe und die roten Ringe um deine Augen, vergesse ich alles, was mit Träumen zu tun hat.»

Damit flog Chanticleer vom Gebälk hinunter, denn der Tag war angebrochen. Alle seine Hennen folgten ihm. Er lockte sie, um ihnen einige Körner zu zeigen, die im Hof lagen. Er sah wie ein königlicher Prinz aus, der selbstbewußt auf- und abstolziert, oder wie ein wilder Löwe, dessen Fußspitzen kaum den Boden berühren. Er fand noch mehr Körner, und wenn er lockte, kamen alle Hennen herbeigelaufen.

Chanticleer sah zur Sonne auf und wußte, daß es neun Uhr war. Er krähte fröhlich und sagte zu Pertelote: «Was ist das für ein schöner Tag! Hör nur die Vögel, und schau nur all die schönen Blumen. Ich bin heute sehr glücklich.»

Doch er sollte nicht lange glücklich bleiben. In der Nacht war ein niederträchtiger, schlauer Fuchs, der seit drei Jahren in dem nahen Gehölz lebte, durch den Zaun in Chanticleers Hof eingebrochen. Der Fuchs lag bis Mittag geduckt in einem Kohlbeet und wartete auf eine Gelegenheit, sich auf Chanticleer zu stürzen.

Pertelote genoß ein Staubbad im Sand, während sich die anderen Hennen um sie herum sonnten. Chanticleer sang munter vor sich hin, als sein Blick auf einen Schmetterling

fell upon a butterfly among the cabbages. Suddenly he noticed the fox crouching there.

"Cok, Cok!" he shrieked, and would have fled in terror.

But before he could move, the fox quickly said: "Oh sir! Where are you off to? Don't be afraid of me! I'm your friend! Surely you don't think that I would hurt you? I only came here to listen to you sing. Your voice is like an angel's; it reminds me of your father's and he was my favourite singer.

Your father and mother used to visit me in my house. When he sang, he would concentrate hard, his eyes shut tight, standing on tiptoe with his neck stretched out. Won't you do me a great favour, and sing for me like your father?"

Chanticleer began to flap his wings. He was so flattered that he did not suspect a trick. He stood on tiptoe with his neck stretched out, his eyes shut tight, and began to crow as loud as he could.

In a flash the fox leapt up, seized Chanticleer by the throat and carried him off on his back towards the trees.

When they saw Chanticleer being carried off the hens set up such a screeching that the widow and her daughters ran out of the cottage. They were just in time to see the fox make for the woods with the cock on his back.

"Help, help! Stop thief! A fox!" they cried, and ran after him followed by a crowd of men with big sticks, the dog, the maid, cows, calves and even the pigs running fit to burst, terrified by the noise. The ducks squawked, the geese flew up over the trees and even the bees swarmed out of their hive.

Never was such a noise heard before as when the crowd chased after the fox, blowing and hooting on trum-

zwischen den Kohlköpfen fiel. Da bemerkte er den dort lauernden Fuchs.

«Kok, Kok!» rief er gellend und wäre wohl voller Entsetzen geflohen.

Doch bevor er sich rühren konnte, sagte der Fuchs rasch: «Oh, mein Herr! Wohin wollt Ihr? Habt keine Angst vor mir! Ich bin Euer Freund! Ihr glaubt doch gewiß nicht, daß ich Euch etwas antun würde. Ich bin nur gekommen, Euch singen zu hören. Eure Stimme gleicht der eines Engels; sie erinnert mich an die Eures Vaters, der war mein Lieblingssänger. Euer Vater und Eure Mutter besuchten mich immer in meinem Haus. Wenn er sang, sammelte er sich immer vollständig; die Augen hatte er fest geschlossen, er stand auf Zehenspitzen, reckte den Hals nach oben. Wollt Ihr mir nicht einen großen Gefallen tun und für mich wie Euer Vater singen?»

Chanticleer begann mit den Flügeln zu schlagen. Er war so geschmeichelt, daß er keine List argwöhnte. Er stand auf Zehenspitzen mit hochgerecktem Hals, die Augen fest geschlossen, und begann zu krähen, so laut er konnte.

Im Nu sprang der Fuchs auf, packte Chanticleer an der Kehle und trug ihn auf seinem Rücken davon, zu den Bäumen hin.

Als die Hennen sahen, daß Chanticleer fortgeschleppt wurde, erhoben sie ein solches Gekreisch, daß die Witwe und ihre Töchter aus der Hütte liefen. Sie konnten gerade noch sehen, wie der Fuchs mit dem Hahn auf dem Rükken dem Wald zulief.

«Hilfe, Hilfe! Haltet den Dieb! Ein Fuchs!» riefen sie und liefen ihm nach, gefolgt von einer Gruppe von Männern mit großen Knüppeln, dem Hund, der Magd, den Kühen, Kälbern und sogar den Schweinen, die, vom Lärm erschreckt, liefen, als wären sie angestochen. Die Enten quakten, die Gänse flogen hoch über die Bäume, und selbst die Bienen schwärmten aus ihren Körben aus. Nie zuvor war ein solcher Lärm vernommen worden wie jetzt, als die Schar hinter dem Fuchs herjagte, blasend und tutend auf

pets of brass and wood and bone and horn – it seemed as though the skies would fall.

Now see how Chanticleer's luck changed. Although he was terrified, slung over the fox's back, he managed to speak and said,

"Sir! If I were you I'd shout, 'Run home you country bumpkins! Now that I've reached the edge of the wood I'm going to keep this cock whatever you do and eat him up right away!'"

The fox replied: "I'll do just that," but as he spoke, Chanticleer suddenly leapt out of his mouth and flew high up on a tree.

When the fox saw that the cock had gone he cried, "Oh dear, Chanticleer! I must have scared you when I snatched you out of the yard. But believe me, I wouldn't hurt you. Come down and I'll tell you what I meant to do!"

"Oh no," replied the cock, "I would be a fool to let you trick me more than once. I won't be flattered into singing again with my eyes shut.

Never shut your eyes when they ought to stay open."

"And what's more," replied the fox, "never open your mouth when you ought to keep it shut."

"And so it was that day that the cock and the fox taught each other a lesson," the priest said as he finished his tale.

The innkeeper thanked the priest and looked around at the travellers to see whose tale should be told next on the road to Canterbury.

Trompeten aus Messing, Holz, Knochen und Horn – es war, als wolle der Himmel einstürzen.

Nun seht, wie Chanticleers Glück sich wandte. Obwohl er, über den Rücken des Fuchses geworfen, voller Angst war, gelang es ihm doch zu sprechen; er sagte:

«Mein Herr! Wenn ich an Eurer Stelle wäre, würde ich rufen: ‹Lauft heim, ihr Bauerntölpel! Jetzt, wo ich den Waldrand erreicht habe, werde ich, was ihr auch tut, diesen Hahn festhalten und sogleich verspeisen.›»

Der Fuchs erwiderte: «Genau das werde ich tun», doch als er sprach, schlüpfte ihm Chanticleer rasch aus dem Maul und flatterte hoch auf einen Baum hinauf.

Als der Fuchs sah, daß der Hahn auf und davon war, rief er: «Du meine Güte, Chanticleer! Ich muß dich in Schrecken versetzt haben, als ich dich aus dem Hof entführte. Doch glaub mir, ich würde dir nichts zuleide tun. Komm herunter, und ich will dir sagen, was ich vorhatte.»

«Oh nein!» erwiderte der Hahn. «Ich lwäre ein Narr, mich mehr als einmal überlisten zu lassen. Ich lasse mir nicht wieder so schmeicheln, daß ich mit geschlossenen Augen singe. Man soll nie die Augen schließen, wenn sie offen sein sollten.»

«Und noch wichtiger», sagte der Fuchs: «man soll nie den Mund aufmachen, wenn man ihn zuhalten sollte.»

«So geschah es an jenem Tag, daß der Hahn und der Fuchs sich gegenseitig eine Lektion erteilten», sagte der Priester, als er mit seiner Geschichte am Ende war.

Der Gastwirt dankte dem Priester und musterte die Reisenden, um zu sehen, wessen Geschichte auf dem Weg nach Canterbury als nächste erzählt werden sollte.

*Merlin.* Die Erzählung stützt sich auf «The History of the Kings of Britain» von Geoffrey of Monmouth, «Le Morte d'Arthur» von Thomas Malory und die alte französische Erzählung «Le Roman de Merlin».

*Artus.* Die Erzählung stützt sich auf «Le Morte d'Arthur» von Thomas Malory.

*Gawain.* Der Erzählung liegt ein Versepos aus dem späten 14. Jahrhundert zugrunde. Gawain, der schon in alten irischen Erzählungen vorkommt, ist hier Mitglied der Tafelrunde des Königs Artus und Inbegriff des vollkommenen Ritters. Im Artus-Buch von Thomas Malory ist Gawain keine besonders bewundernswerte Gestalt.

*Richard Löwenherz.* Richard regierte von 1189 bis 1199. Die vorliegende Erzählung fußt weitgehend auf «Richard Cœur de Lion» von Philipp P. Henderson und «Cœur de Lion» von Clennel Wilkinson.

*Robin Hood.* Diese Erzählung basiert vor allem auf dem Buch von Joseph Ritson: «Robin Hood, A collection of all the English Poems, Songs and Ballads now Extant» (1795).

*Dick Whittington.* Whittington wurde zum ersten Mal 1397 Oberbürgermeister von London, dann wieder 1408 und 1420. Grundlage des vorliegenden Textes ist vor allem die Erzählung von Joseph Jacobs in seinen «English Fairy Tales» (1892/94).

*Chanticleer.* Die Erzählung folgt der berühmtesten englischen Fassung des internationalen Fabelstoffes: der Erzählung des Nonnenpriesters in den «Canterbury Tales» von Geoffrey Chaucer (1340–1400).

Wie gesagt: die in diesem Buch gebrachten Texte sind Nacherzählungen, Zusammenfassungen, Extrakte, Summaries. Die Quellen – oftmals gibt es mehrere, die einander teilweise widersprechen – wären viel zu lang und sprachlich viel zu schwer für englische Kinder und deutsche Englisch-Lernende.

Mit einer Ausnahme: Nicht viel schwerer und nicht viel länger als die hier mitgeteilte Fassung der Whittington-Geschichte ist das Original. Es steht in einem anderen Band der Reihe:

English Fairy Tales / Englische Märchen. Aus der Sammlung von Joseph Jacobs. Illustriert. – dtv 9281

Der englische Märchensammler Joseph Jacobs hat gelebt von 1854 bis 1916, also etwa ein halbes Jahrhundert nach den Brüdern Grimm. Seine Sammlungen «English Fairy Tales» und «More English Fairy Tales» sind 1892 und 1894 erschienen, also gerade vor hundert Jahren. «Whittington and His Cat» ist sicher nicht eines der ältesten (der alt-ehrwürdigsten) Märchen in Jacobs' Sammlung, aber – nach einer kleinen Umfrage, die wir an einer englischen Schule gemacht haben – eines von den beiden, die offenbar wirklich jedes englische Kind kennt. Das andere ist «Jack the Giant Killer». Das steht natürlich auch in dem genannten zweisprachigen Band. Dazu zwölf weitere.

Die folgende Doppelseite enthält – in der Fassung von J.J. – die Szene, wie der Kapitän des Handelsschiffes und der fremde König auf die Katze zu sprechen kommen. Im vorliegenden Buch steht das auf Seite 90/91 im mittleren Drittel.

The captain sent patterns of the best things he had to the king of the country; who was so much pleased with them, that he sent for the captain to the palace. Here they were placed, as it is the custom of the country, on rich carpets flowered with gold and silver. The king and queen were seated at the upper end of the room; and a number of dishes were brought in for dinner.

They had not sat long, when a vast number of rats and mice rushed in, and devoured all the meat in an instant. The captain wondered at this, and asked if these vermin were not unpleasant.

"Oh yes," said they, "very offensive; and the king would give half his treasure to be freed of them, for they not only destroy his dinner, as you see, but they assault him in his chamber, and even in bed, and so that he is obliged to be watched while he is sleeping, for fear of them."

The captain remembered poor Whittington and his cat, and told the king he had a creature on board the ship that would dispatch all these vermin immediately. The king jumped so high at the joy which the news gave him, that his turban dropped off his head. "Bring this creature to me," says he; "vermin are dreadful in a court, and if she will perform what you say, I will load your ship with gold and jewels in exchange for her."

The captain, who knew his business, took this opportunity to set forth the merits of Miss Puss. He told his majesty:

"It is not very convenient to part with her, as, when she is gone, the rats and mice may destroy the goods in the ship – but to oblige your majesty, I will fetch her."

"Run, run!" said the queen; "I am impatient to see the dear creature."

Away went the captain to the ship ...

Der Kapitän sandte dem König des Landes Proben der wertvollsten Waren, die er hatte; dem gefielen die so gut, daß er den Kapitän zu sich in den Palast einlud. Da setzten sie sich, wie es in dem Lande Brauch war, auf üppige gold- und silbergeblümte Teppiche. Der König und die Königin nahmen am oberen Ende des Raumes Platz. Eine Reihe von Gerichten wurde zum Essen hereingebracht.

Sie waren noch nicht lange so gesessen, als Unmengen von Ratten und Mäusen hereingerannt kamen und im Handumdrehen das ganze Fleisch verschlungen hatten. Den Kapitän verwunderte das; er fragte, ob dieses Ungeziefer nicht unerfreulich sei.

«Oh, natürlich», sagten sie, «äußerst widerwärtig – der König würde seinen halben Schatz dafür geben, wenn er davon befreit würde, denn sie verderben nicht nur sein Essen, sondern fallen ihn auch in seinem Zimmer an, sogar im Bett, so daß er während des Schlafes bewacht werden muß, weil er Angst vor ihnen hat.»

Der Kapitän erinnerte sich an den armen Whittington und seine Katze und erzählte dem König, er habe ein Geschöpf auf seinem Schiff, das die ganze Brut in einem Augenblick vertilgen werde. Der König sprang aus lauter Freude über diese Nachricht so hoch, daß sein Turban herunterfiel. «Bring mir dieses Tier», sagte er. «Ungeziefer an einem Hof ist gräßlich. Wenn das Tier hält, was du versprichst, werde ich dein Schiff zum Dank mit Gold und Juwelen beladen.»

Der Kapitän kannte sich aus im Geschäft und nahm die Gelegenheit wahr, die Vorzüge von Fräulein Puss noch ausführlicher zu beschreiben. Er sagte zu Seiner Majestät: «Es ist nicht sehr angenehm, sich von ihr zu trennen, denn wenn sie weg ist, werden Ratten und Mäuse die Schiffsladung verderben – aber um Euer Majestät einen Gefallen zu tun, will ich sie holen.»

«Lauf, lauf!» sagte die Königen; «Ich kann es gar nicht erwarten, das gute Tier zu sehen.»

Und der König ging zum Schiff ...

In der Taschenbuchreihe dtv zweisprachig gibt es außer englisch-deutschen auch französisch-deutsche, italienisch-deutsche, spanisch-deutsche, russisch-deutsche, neugriechisch-deutsche, türkisch-deutsche und lateinisch-deutsche Bücher. Ein Gesamtverzeichnis ist erhältlich beim Deutschen Taschenbuch Verlag, Postfach 40 04 22, D-80704 München.